Winfried Hille

Der innere Jakobsweg

Winfried Hille

Der innere Jakobsweg

Sieben Schritte zu mir selbst

Kaufmann Verlag

Bibliografische Information Der Deutschen Bibliothek

Die Deutsche Bibliothek verzeichnet diese Publikation in der Deutschen Nationalbibliografie; detaillierte bibliografische Daten sind im Internet über http://dnb.ddb.de abrufbar.

1. Auflage 2009

Illustrationen: Petra Heisler, Freiburg
Umschlaggestaltung: Jacqueline Zürcher
Umschlaggabbildung: © LB, fotolia.com
Druck und Bindung: CPI books, Ulm
ISBN 978-3-7806-3080-3

Inhalt

Einleitung

Der Pilger in dir

„Der Pilger weiß, dass er sich hier auf der Erde nicht für immer einrichten kann. Er ist auf dem Weg solange er lebt."

Anselm Grün

Die Welt um uns herum scheint immer unsicherer. Die Werte, an denen sich unser Leben orientiert, werden immer beliebiger. Wir ahnen: Die alten Sicherheiten, auf denen wir und unsere Eltern ihr Leben aufgebaut haben, sind brüchig und tragen uns nicht mehr. In dem Wunsch „Gib mir ein kleines bisschen Sicherheit", einer Chart-Hymne der Deutsch-Rock-Band „Silbermond", drückt sich die Sehnsucht vieler nach einem festen Halt und etwas Bleibendem aus. Allenthalben ist von einer Krise die Rede, in der sich die Menschheit als Ganzes befindet. Wir suchen nach einer neuen Einstellung, einer neuen Haltung dem Leben gegenüber, die es uns ermöglicht, mit Krisensituationen und den Unsicherheiten um uns herum besser umzugehen. Wir spüren, dass sich etwas verändert und dass auch wir uns verändern müssen.

Eine Lebenshaltung, die uns in solchen Zeiten hilft, und wofür dieses Buch plädiert, ist die des Pilgers. Das Wesen des Pilgers ist es, dass er sich aus einem Gefühl der inneren Zerrissenheit und einer unstillbaren Sehnsucht nach innerer Orientierung mutig und selbstbewusst auf den Weg ins Unbekannte macht. Der Pilger weiß: Das Leben ist das Unbekannte schlechthin. Im Pilgern kommen wir am besten in Berührung mit unserer Sehnsucht nach dem Wesentlichen.

Pilgern ist heute wieder populär. Und das in einer Zeit, in der es so viel bequemere Arten der Fortbewegung und des Reisens gibt. Sich auf eine Reise ins Unbekannte zu machen, scheint einer Sehnsucht vieler zu entsprechen. Dabei erfreut sich der Jakobsweg ganz besonderer Beliebtheit. Er reicht über 1600 Kilometer von St. Jean in Südfrankreich über die Pyrenäen nach Spanien bis zum Zielpunkt Santiago de Compostela, wenige Kilometer von der Atlantikküste entfernt. Zahlreiche Pilger, alte und junge, christliche und nicht-christliche, kirchliche und kirchenfremde gehen diesen Weg. Sie alle haben den Eindruck, dass sie aus den alten Gewohnheiten ihres Lebens auswandern müssen und hoffen auf dem Jakobsweg das Geheimnis ihres Lebens neu zu entdecken. Sie wollen eine wesentliche Urerfahrung menschlichen Lebens wieder neu für sich entdecken, und die heißt: auf dem Weg sein.

Viele berichten danach von ihren tief greifenden Erfahrungen, die sie innerlich verwandelt haben und nach der sie ihr Leben wieder mit ganz anderen Augen betrachten konnten. Sie sprechen davon, dass ihr Leben wieder eine neue Tiefe gewonnen hat. Im Grunde ist es die von unserer Gesellschaft in weiten Teilen ausgeblendete Spiritualität, die wir heute neu für uns entdecken wollen und die uns wieder zu Suchern nach einer übergreifenden, sinnstiftenden Ordnung in unserem Leben werden lässt. Schon für die alten Mönche, die sich aus religiösen Gründen auf die Wanderschaft begeben haben, war das permanente Unterwegssein Ausdruck ihrer Suche nach Orientierung, nach Gott.

Die Grundhaltung des Pilgers ist die eines Suchenden. Allein wer das Wort Pilger übersetzt, kann erahnen, warum es ein menschliches Urbedürfnis ist, sich immer wieder aufs Neue auf den Weg ins Unbekannte zu machen. Pilger heißt so viel wie „Fremder". Beim Pilgern erfahren wir uns selbst als Fremde auf dieser Welt und manchmal auch im eigenen Leben. Genau das spüren heute immer mehr Menschen. Nach außen hin haben wir es uns wohnlich gemacht in einem Leben, das uns eigentlich zufrieden machen müsste: Die Karriere ist auf dem Höhepunkt, die Kinder sind in der Welt oder aus dem Haus, wir haben Freunde, einen liebevollen Partner, leben in gesicherten Verhältnissen, einer eigenen Wohnung, haben fürs Alter vorgesorgt und doch ist da etwas, das uns nachts nicht schlafen lässt, das uns beunruhigt und ängstigt. Trotz eines Lebens im materiellen Wohlstand sind wir uns fremd geblieben.

Wir sind von unserem ganzen Wesen her Pilger. Wir sind ein Leben lang auf dem Weg. Zugespitzt heißt das: Unser ganzes Leben ist eine Krise, immer im Wandel begriffen und immer mit einer Chance für unsere Entwicklung. Es gibt keine Sicherheit, keine feste Bleibe. Jeden Tag brechen wir auf ins Fremde. Der Weg ist das Ziel. Obwohl wir uns stets nach letztgültiger Erkenntnis, Erleuchtung gar, nach dem Festen, dem Sicheren und Unveränderlichen sehnen, ahnen wir, dass es das alles für uns auf Erden nicht gibt. Eine neue Erkenntnis macht sich bei immer mehr Menschen breit: dass wir Fremde sind auf dieser Welt und in ständiger Veränderung begriffen, dass es nichts gibt, woran wir uns festhalten können. Ist das so schlimm?

Dieser Tatsache entspricht das Bild des Pilgers am besten. Er ist ein Wanderer. Er will sich nicht festsetzen. Er muss immer in Bewegung sein, von einer Station zur anderen. Er will sich hinbewegen zu einer noch unbekannten Wahrheit, zum Wesentlichen. Und auf seiner Lebenswanderung möchte er in die Geheimnisse des Lebens eintauchen, den Sinn des Lebens verstehen.

„Der Mensch ist wesentlich einer, der auf dem Weg ist. Er bewegt sich. Er bleibt nicht stehen" (Anselm Grün). Pilgern ist ein Lebensausdruck, der unsere ganze Existenz umfasst.

Schon für die frühen Mönche war das Pilgern der Erkenntnisweg schlechthin. Sie haben nur in einfachen Zellen gelebt und sie immer wieder verlassen, um noch tiefer in die Wüste zu ziehen.

Es gab Mönche, die ihr Leben lang gewandert sind. Wer sich heute auf einen Pilgerweg begibt, der möchte genau dieses Lebensgefühl für sich entdecken. „Der Pilger ist der Archetyp der Veränderung, die Figur, die in der Psyche auftaucht, wenn es Zeit ist, wieder aufzubrechen und eine neue Welt zu suchen" (Patrick M. Arnold). Und wenn dieser Archetyp heute wieder in uns lebendig wird, dann müssen wir uns aufmachen, um das Vertraute und Erreichte hinter uns zu lassen. „Sonst erstarren wir innerlich. Sonst verbrauchen wir unsere Energie damit, am Status quo festzuhalten und ängstlich darüber zu wachen, dass alles beim Alten bleibt. Zur Lebendigkeit brauchen wir den Pilger in uns" (Anselm Grün).

Und bei unserem Weg ins Unbekannte tauchen die alten Fragen immer wieder in neuer Klarheit auf, Fragen, die uns im Innersten beschäftigen: Lebe ich wirklich das Leben, das ich mir immer schon vorgestellt habe? Oder nimmt mein Leben eine Richtung, die mir so gar nicht gefällt? Und warum? Bin ich vielleicht in einer Sackgasse, will es mir aber nur nicht eingestehen? Was will ich wirklich? Traue ich mir das auch zu? Muss ich nicht mein ganzes Leben umkrempeln? Und was, wenn ich es wirklich tue? Was fehlt mir? Vielleicht das Entscheidende? Liebe? Glück? Innerer Frieden?

Natürlich könnten wir auch einfach so weitermachen wie bisher. Doch haben wir dann nicht das Entscheidende in unserem Leben verpasst? Wir haben das Bedürfnis nach einer Pause, einer Auszeit vom Leben, in der wir einmal in Ruhe über uns nachdenken können. Das ist die Situation, in der sich diejenigen befinden, die sich als Pilger, als Fremde auf den Weg machen. Als Pilger sind wir immer wieder bereit, uns auf das Unbekannte im Leben einzulassen und alles Gewohnte hinter uns zu lassen. Wohl wissend, dass das Leben ein ständiger Wandel und immerfort in der Bewegung ist, kann uns keine Krise schrecken. Im Pilgern vertrauen wir uns einem so verstandenen Leben an, um es immer wieder neu für uns zu ergründen. Wahrheiten, die uns gestern noch als plausibel und unverrückbar erschienen, können heute schon überholt sein. Der Pilger bekennt, dass er die Antwort auf die tiefsten Fragen des Lebens nicht weiß. Im Pilgern passen wir uns dem Leben und den sich ständig verändernden Wahrheiten immer wieder neu an. Wir verstehen, dass es keine andere Sicherheit gibt als die, sich dem ständigen Wandel des Lebens zu ergeben. Das ist die Lebenshaltung des Pilgerns, die Ihnen dieses Buch näherbringen möchte. Wohl dem, der die Zeit und das Geld dazu findet, sich auf einen äußeren Pilgerweg zu machen, um diese Lebenshaltung auch körperlich zu erfahren. Doch was tun all die anderen, denen dies nicht vergönnt ist?

Dieses Buch wendet sich ganz bewusst an Menschen, die sich in einer solchen Situation befinden, die sich aus zeitlichen, finanziellen oder gesundheitlichen Gründen nicht in der Lage sehen, den Jakobsweg im Außen zu gehen, aber trotzdem das Lebensgefühl des Pilgerns für sich lernen, erleben und erfahren möchten. Genau diese Möglichkeit eröffnet dieses Buch. Es führt Sie über sieben Stationen einer inneren Wanderschaft zu ganz neuen Erkenntnissen über sich selbst. Dieser Weg kann Ihnen innere Gewissheiten über Ihren bisherigen Lebensweg vermitteln und Möglichkeiten für Ihren weiteren Weg aufzeigen. Es will Ihnen auch dabei helfen, wie Sie mit auftauchenden Fragen, Schwierigkeiten und Hindernissen effektiv umgehen können. Was es befördern will, ist die Erkenntnis, dass jede Lebenssituation immer wieder nach einer neuen, ureigenen Wahrheit verlangt. Lassen Sie sich also auf Ihrem Weg zu einer neuen Lebenseinstellung von diesem Buch begleiten und unterstützen. Werden Sie zum Pilger!

Ich lade Sie dazu ein, sich für Ihren inneren Jakobsweg jeden Tag ein bisschen Zeit für eine Bestandsaufnahme und Neuorientierung zu nehmen. Dabei haben Sie beim Gebrauch des Buches die Wahl zwischen zwei Vorgehensweisen: Entweder Sie verhalten sich wie ein Langzeitpilger. Dann schreiten Sie alle sieben Kapitel (Stationen) der Reihe nach ab. Oder Sie möchten lieber ein Kurzzeitpilger sein. In diesem Fall beschäftigen Sie sich jeweils nur mit einem Thema. Wenn Sie momentan beispielsweise besonders viel mit Ihren Ängsten zu tun haben oder wenn Sie vielleicht spüren, dass eine wichtige Entscheidung ansteht, dann greifen Sie die jeweiligen Kapitel für sich heraus. In diesem Fall wären das die Kapitel 3, die Steinwüste, bzw. 5, die Wegkreuzung, und lesen nur darin.

Der innere Jakobsweg ist ein Herzensweg, der Ihnen jederzeit offen steht und – genau wie der äußere Pilgerweg – geradewegs zum Wesentlichen führt. Er beschreibt dabei genau, wohin die Reise geht. Als Erfahrungsziel vermittelt er Ihnen einen Zuwachs an persönlicher Freiheit und eine Abnahme aller einschränkenden Ängste, die Sie vielleicht bisher davon abgehalten haben, Ihre wahren Lebensziele in Angriff zu nehmen. Der innere Jakobsweg ist, wie der äußere, kein leichter. Es gibt Durststrecken, mal läuft es gut, mal schlecht. Es gibt auf ihm Höhen und Tiefen. Damit umzugehen, ist auch ein Lernziel, das der innere Jakobsweg verheißt. Er fordert Ihre ganze Hingabe und Konzentration. Was Sie dazu noch brauchen, ist ein wenig Zeit, Ehrlichkeit sich selbst gegenüber, den Mut, etwas Neues zu wagen, und die Bereitschaft, für neue Erkenntnisse offen zu sein und alte Gewissheiten abzustreifen. Lassen Sie sich ganz bewusst auf Ihren inneren Jakobsweg ein. Finden Sie heraus, was das

Ihrige ist, das in Ihrem Leben noch unbedingt getan werden muss.

Sind Sie bereit für diesen Weg ins Unbekannte? In Ihr Inneres? In Ihre verborgenen Sehnsüchte, Ängste und Gefühle? Ins Fremde? Möchten Sie erfahren, wie Sie Ihr Leben neu sortieren, welches Lebensziel, welche Lebensaufgabe für Sie genau jetzt ansteht?

Dann beginnen Sie am besten gleich.

1. Das Torhaus – Wann, wenn nicht jetzt?

„Die Entfernung ist unwichtig. Nur der erste Schritt ist schwierig."

Maquise du Deffand

Es ist tiefster Winter. Die Tage sind kurz und grau. Der erste Schnee fällt. Ich sitze in der warmen Stube, die Beine hochgelegt und schaue nach draußen. Das Thermometer zeigt einige Grade unter Null. Ich fühle mich wohl und behaglich. Aus freien Stücken würde mir jetzt kein Spaziergang in der klirrenden Kälte einfallen. Doch auf einmal möchte ich etwas Neues wagen. Es reizt mich doch, mich der Winterwitterung auszusetzen, meine Komfortzone zu verlassen und nach draußen zu gehen. Ich gebe mir einen Ruck, ziehe Stiefel, Mantel und Schal an und freue mich auf das Unbekannte, das mich draußen erwartet. Ein gutes Gefühl: Sich selbst zu überwinden, aufzubrechen.

Bevor sich der Pilger auf seinen Weg macht, muss er sich von schweren Gedanken befreien und das Leichte in sich entdecken.

Sie haben nun entschieden, sich als Pilger auf den Weg zu machen. Sie wollen sich damit in einer neuen Lebenshaltung üben, sich mehr dem Wesentlichen zuwenden und einen neuen Sinn in Ihrem Leben erfahren. Dabei ist Ihnen bewusst, dass Sie sich ganz dem Unbekannten anvertrauen. Im Torhaus, der ersten Station des inneren Jakobswegs, brechen Sie zu Ihrer Reise auf. Sie bereiten sich innerlich auf den Aufbruch vor. Hier geht es um Ihre Motivation und Bereitschaft, sich auf einen inneren Weg einzulassen. Dass Sie als Leserin und Leser Interesse an diesem Weg haben und neugierig sind auf das, was Sie dabei erwartet, haben Sie bereits gezeigt. Wissen Sie aber auch, dass Sie der innere Jakobsweg viel Mühe und Überwindung kosten wird, bis Sie am Ziel des Weges, in der Kathedrale, angelangt sein werden? Und dass Sie dazu Ihre gewohnte Lebenseinstellung hinter sich lassen müssen?

Wenn Sie sich dazu entschlossen haben, sich diesem Weg anzuvertrauen, dann kostet Sie das wahrscheinlich zunächst etwas Überwindung. Sie müssen dazu den gewohnten Gang des Alltags abbrechen, damit der Aufbruch auch gelingt. Außerdem sind Sie einen solchen Weg noch nie gegangen und wissen nicht, was Sie erwartet. Doch sich einlassen, das müssen Sie schon. Aber wie geht das überhaupt: Sich auf etwas einlassen?

Auch wenn Sie jetzt noch ganz am Anfang stehen und Sie von manchen Zweifeln geplagt werden, ob sich der Weg auch wirklich für Sie lohnt: Packen Sie's trotzdem an! Stellen Sie alle Bedenken hinten an und machen Sie sich auf. Eines kann ich Ihnen nämlich schon jetzt versichern: Am Ende Ihres inneren Weges werden Sie mehr über sich und die Welt um sich herum erfahren haben, als Sie jetzt für möglich halten. Der Lohn für die Strapazen liegt in neuen Erkenntnissen über sich und Ihr Leben. Und das wollen Sie doch: ihrem Leben eine innere Orientierung, neue Richtung und einen neuen Lebenssinn geben! Schlagen Sie also Kurs in Richtung Jakobsweg ein.

Wo stehe ich heute?

Es klingt banal, trotzdem sollten Sie sich darüber einmal bewusst werden: Sie starten Ihren Pilgerweg genau da, wo Sie in Ihrem Leben momentan angekommen sind. An dem Ort, an dem Sie sich im Moment befinden. In Ihrer jetzigen Lebenssituation. Schauen Sie sich einmal genau um. Wie sieht dieser Ort aus? Nicht so sehr die äußere Situation, nicht die Stadt, die Straße oder Wohnung in der Sie leben, sondern Ihr inneres Zuhause. Wie sieht es in diesem Moment darin aus? Fühlen Sie sich dort wohl oder unbehaglich, glücklich oder traurig, gut oder so lala? Um sich Ihr inneres Zuhause anzuschauen und bewusst zu machen, bedarf es zunächst einer offenen und ehrlichen Auseinandersetzung mit sich selbst. Eine Art Bestandsaufnahme Ihres inneren Status Quo.

Übung 1
Mein inneres Zuhause

Stellen Sie sich zu Beginn Ihres inneren Weges, den Sie jetzt gehen werden, zunächst einmal die folgenden Fragen:

1. *Wo stehe ich mit mir und meinem Leben, jetzt in diesem Augenblick?*
2. *Welchen Weg bin ich bisher in meinem Leben gegangen?*
3. *Wo will ich mit meinem Leben noch hin?*
   Stellen Sie sich die Fragen nicht im Sinne einer strategischen Zielsetzung, sondern einer empfänglichen Offenheit. Gehen Sie kurz in sich, lassen Sie ihrer Fantasie und Intuition freien Lauf und fragen Sie sich weiter:
4. *Was ruft mich in meinem Leben?*
5. *Gibt es überhaupt so etwas wie einen inneren Ruf?*
6. *Bin ich bereit, auf diesen inneren Ruf zu hören oder verweigere ich mich ihm?*
7. *Wo zieht es mich hin?*

Es hilft auch, wenn Sie Ihr ganzes Leben einmal rückwärts in Gedanken durchgehen und sich dabei fragen:

1. *Was hat mir an meinem bisherigen Leben gefallen?*
2. *Und was hat mir an meinem bisherigen Leben ganz und gar nicht gefallen?*

Übung 2
Das Wichtigste in meinem Leben

Bewerten Sie auf einer Skala von 1 bis 10 (10 = sehr gut) Ihr bisheriges Leben.

Vergegenwärtigen Sie sich fünf Erfahrungen Ihres bisherigen Lebens, die wirklich wertvoll für Sie waren. Schreiben Sie diese Erfahrungen auf ein Blatt Papier. Tipp: Kaufen Sie sich ein kleines Büchlein, das Sie zu Ihrem Pilgerbuch machen. In dieses Pilgerbuch notieren Sie sich alle wichtigen Erkenntnisse, die aus den Übungen resultieren.
Welche Lehren haben Sie für sich daraus gezogen?
Vergegenwärtigen Sie sich nun fünf Erfahrungen Ihres bisherigen Lebens, die wirklich schwierig für Sie waren.
Welche Lehren haben Sie daraus gezogen?
Gehen Sie Ihr bisheriges Leben einmal in Gedanken durch. Lassen Sie es vor Ihrem geistigen Auge wie einen Film ablaufen. Finden Sie dabei

1. *fünf Situationen, die für Sie noch nicht abgeschlossen, d. h. rund sind, die immer wieder auftauchen, die noch weh tun (z. B. wenn Sie immer wieder in Beziehungen verlassen werden), wo Sie immer wieder dieselben unglücklichen Erfahrungen machen;*
2. *fünf starke Gefühle, um die sich Ihr Leben dreht und mit denen Sie immer wieder in Kontakt kommen;*
3. *fünf unangenehme Gefühle, die Sie immer wieder empfinden z. B. Einsamkeit, Frust, Leere,*

Langeweile, Angst. Es sind zumeist die Gefühle, die Ihr emotionales Zuhause ausmachen. Fragen Sie sich ganz konkret:

Was ist mir eigentlich das Wichtigste im Leben? Welche fünf Werte sind für mich die wichtigsten? (Das sind die Werte, die Ihnen Orientierung und Halt geben, z. B. wenn Sie wissen, dass Liebe, Vertrauen, Wahrheit Ihnen das Wichtigste sind, dann haben Sie einen Maßstab, um die Ausrichtung Ihres Lebens daran messen zu können. Sie erkennen dann, ob Ihr Leben auch in diese richtige Richtung geht. Tragen Sie diese Werte in Ihr Pilgerbuch ein.)

Wenn Sie alle Fragen ehrlich für sich beantwortet haben, dann wissen Sie jetzt besser, wo Sie heute stehen und wie Sie sich dabei fühlen. Sie werden noch sehen: Es kommt vor allem darauf an, wie sie sich fühlen. Und das ist genau der Punkt, an dem Sie Ihren inneren Jakobsweg beginnen. Schauen Sie sich diesen inneren Ort noch einmal an.

Die meisten von uns werden festgestellt haben, dass Sie mit einem Teil Ihres Lebens durchaus zufrieden, mit einem anderen Teil aber unzufrieden sind. Selten ist alles so gelaufen, wie wir es uns gewünscht haben. Vielleicht erkennen Sie aber auch, dass Sie bisher ausnahmslos mit allem, wie es gelaufen ist, zufrieden sind. Dann sind Sie ein beneidenswerter Mensch. Oder Sie erkennen, dass Sie mit Ihrem bisherigen Leben nicht besonders glücklich sind, dass Sie aber bereit sind, sich auf einen neuen Weg zu machen, eine neue Richtung in Ihrem Leben einzuschlagen. Und genau das könnte Ihre Motivation für Ihren inneren Jakobsweg sein: Sie wollen sich wieder auf das Wesentliche in Ihrem Leben konzentrieren, vergessene Wünsche wieder finden, sie neu aussprechen, sich dafür begeistern und sie endlich realisieren.

Und was könnte Sie dazu motivieren, sich auf den Pilgerweg zu begeben, wenn Sie sich glücklich fühlen mit Ihrem bisherigen Leben? Wenn Sie sich alles so eingerichtet haben, wie es Ihnen gefällt und kein Wunsch mehr offen ist. Vielleicht ist es dann einfach die Neugier, mal etwas anderes zu erleben, damit Ihr Leben noch schöner und reicher werden kann. Der Weg wird sich auch dann lohnen.

Der innere Jakobsweg konfrontiert Sie mit sich selbst. Die Hinweisschilder auf dem Weg lauten alle gleich: „Erkenne dich selbst!“ Er ist ein Weg der Neuorientierung und Selbstentdeckung. Mag er Ihnen zu Anfang beschwerlich und hart erscheinen – es ist ja auch nicht leicht, sein bisheriges Leben immer wieder auf den Prüfstand zu stellen und ganz ehrlich zu sich selbst zu sein – so wird er sich doch für Sie lohnen und Ihnen reichlich neue Erkenntnisse bescheren – egal, wie Ihr bisheriges Leben gelaufen ist, denn wichtiger ist: wie es ab jetzt läuft.

Mein Reisegepäck

Wer sich auf eine längere Wanderung vorbereitet, der sollte gut überlegen, welche Utensilien er als Gepäck mitnimmt. Es sollten nicht zu viele sein, vor allem keine schwere Sachen und nur das Allernötigste. Doch was ist das? Bevor Sie auf den inneren Jakobsweg gehen, lohnt es sich deshalb, sich über Ihr Reisegepäck besonders viele Gedanken zu machen. Für Sie als Pilger gilt: „Nimm nur nichts Schweres oder Belastendes mit!“ Das Reisegepäck eines Pilgers muss möglichst leicht sein. Also gilt die Aufforderung: Trennen Sie sich von allen negativen Gedanken und Erlebnissen, die Sie bis heute schwer machen. Sie brauchen sie nicht mehr. So machen Sie sich leichter und bereiten sich bestens für einen neuen Aufbruch in Ihrem Leben vor. Deshalb sollten Sie sich in der Kunst des Loslassens üben. Entlassen Sie also zunächst alles Schwere aus Ihren Gedanken.

Übung 3
Das Schwere in meinem Leben

Gehen Sie in sich und beantworten Sie die folgenden Fragen:

1. *Was empfinde ich als das, was mir mein Leben (manchmal) schwer macht (welche Personen, welche Umstände, welche nachwirkenden Ereignisse)? Was schleppe ich eigentlich in meinem Leben mit mir herum?*
2. *Was empfinde ich als Last, als Schwere in meinem Leben?*
3. *Was macht mir zu schaffen?*
4. *Was würde ich gerne loslassen?*
5. *Womit, mit welchen negativen Gedanken mache ich mir immer wieder selbst mein Leben schwer?*
6. *Was davon würde ich gerne loslassen?*

Wenn Sie auf den inneren Jakobsweg gehen, müssen Sie darauf achten, dass Sie nur leichtes Reisegepäck mitnehmen. Alles Überflüssige müssen Sie zu Hause lassen. Wenn Sie nicht wissen, was das eigentlich ist, dann müssen Sie zunächst herausfinden, was Ihnen wirklich wichtig ist, und was nicht.

Machen Sie deshalb eine Inventur Ihres Reisegepäcks.

Übung 4
Das Schwere loslassen

Finden Sie fünf Punkte in Ihrem Leben, die Sie schwer machen, die Sie belasten. Beispielsweise Schulden, die Beziehung zu einem (Ex-)Partner, zu Ihrem Kind, die Angst, den Job zu verlieren. Unterscheiden Sie diejenigen Punkte, die Ihnen von außen her das Leben schwer machen, von solchen, die Ihnen das Leben schwer machen, weil Sie es so sehen. Achten Sie auf die Brille, die Sie aufhaben: ist es eher eine dunkle, durch die alles düster erscheint, oder eine rosarote, die das Leben schöner erscheinen lässt, als es in Wirklichkeit ist?

Lernen Sie zu unterscheiden zwischen dem, was wirklich geschieht in Ihrem Leben, und Ihrer Art, es zu sehen, Ihrer Brille. Sie werden erkennen, dass die Dinge nicht so sind, wie sie Ihnen erscheinen, sondern so, wie Sie sie sehen. Sie haben immer die Wahl, gegen die Dinge zu kämpfen oder sie zu akzeptieren, und sie so anzunehmen, wie sie sind.

Schreiben Sie fünf Punkte, die Ihnen Ihr Leben schwer machen, auf je einen Zettel. Tragen Sie diese Zettel dann mit sich herum. Nach einigen Tagen beginnen Sie damit, jeden Zettel einzeln – Tag für Tag – bewusst loszulassen, indem Sie einen nach dem anderen zerreißen oder verbrennen.

Der wahre Pilger sucht nach demjenigen, was ihn leicht macht, was ihm Kraft für den Weg gibt. Das ist seine Wegzehrung. Das können Erfahrungen sein, wie er im Laufe des Lebens schwierige Situationen hinter sich gebracht hat, Herausforderungen, die er gut gemeistert hat oder eigene Fähigkeiten, auf die er in jedem Fall bauen und zurückgreifen kann. Leicht machen uns alle Erfahrungen, die uns gezeigt haben, dass wir etwas besonders gut können. Erfahrungen, die unseren Selbstwert gesteigert haben. Suchen Sie also jetzt nach dem, was Sie leicht macht.

Übung 5
Das Leichte in meinem Leben

Tragen Sie jeden Tag fünf Erlebnisse vom Tag oder aus Ihrem Leben in Ihr Pilgerbuch ein und zwar solche Erlebnisse, die Sie stolz gemacht haben, wo Sie etwas gut gemacht haben, sich wohl und im Einklang mit sich selber gefühlt haben.

Schreiben Sie diese Erlebnisse auch auf verschiedene Zettel und bewahren Sie sie gut auf, am besten so, dass Sie sie jeden Tag einsehen können. Die festgehaltenen Erlebnisse, die Sie stolz und froh stimmen, werden Ihnen auch in schwierigen Situationen Kraft und Zuversicht geben. Besonders für die Augenblicke, in denen Sie verzagt sein werden, frustriert oder erschöpft.

Übung 6
Sich von Liebe beschützen lassen

Stellen Sie sich einmal die folgenden Fragen:

1. *Von wem fühle ich mich geliebt?*
2. *Wessen Liebe ist mir besonders wichtig?*
3. *Wessen Liebe trägt mich?*

Um sich immer wieder neue Kraft für den teilweise beschwerlichen Weg zu holen, braucht der Pilger viel von dem im Reisegepäck, was ihn auch stärkt. So wie es auf dem äußeren Pilgerweg unsinnig ist, sich mit Schwerem zu belasten, so gilt das Gleiche auch für den inneren Weg. Sie müssen sich von negativen Gedanken, schlechten Erlebnissen und niederdrückenden Verhaltensmustern befreien, bevor Sie sich auf den inneren Weg machen können. Und Sie sollten Ihre Gedanken mit aller Konsequenz auf das Positive, das Leichte ausrichten. So sind Sie bestens gerüstet für das, was kommen wird, und in der Stimmung, sich freudig dem Unbekannten zu öffnen. Legen Sie also alles das, was Sie schwer macht, ab und tragen Sie das Leichte in Ihrem Herzen.

Mein erster Schritt

Nun wissen Sie genau oder haben zumindest eine Ahnung, worum es im Torhaus, der ersten Station auf dem inneren Jakobsweg, geht: Sie machen sich bewusst, was Ihr Leben schwer macht, womit Sie es sich selber schwer machen und befreien sich davon. Und Sie wissen nun, was Sie im Leben leicht macht, und werden sich dessen ganz bewusst. Jetzt sind Sie bestens gerüstet für den inneren Jakobsweg und Ihren ersten Schritt.

Der erste Schritt – das entschlossene, kraftvolle Aufbrechen – ist von großer Bedeutung für den weiteren Weg. Oft genug verschieben wir den Aufbruch, obwohl wir schon längst spüren, dass wir aufbrechen müssen. Meistens halten wir zu lange am Alten, Gewohnten fest. Die Aufforderung lautet also: Schieben Sie Ihren Aufbruch nicht auf die lange Bank, wenn Sie nicht wollen, dass Ihr Leben erstarrt. Darin besteht jetzt Ihre Aufgabe.

Vielleicht werden Sie aber immer noch einwenden: „Ich bin doch noch gar nicht so weit." „Morgen passt es mir besser." Oder: „Der Zeitpunkt ist einfach noch nicht richtig." Erkennen Sie, dass das alles Ausflüchte und Strategien der Lebensvermeidung sind. Der erste Schritt in ein neues Leben besteht ganz einfach darin, dass Sie sich bewusst für den Aufbruch entscheiden und ausbrechen wollen aus Ihrem bisherigen Leben. Ein kurzer Moment der Konzentration und los geht's! Wie der Springer auf dem Zehnmeterturm: Er hat sich vorbereitet, ist hochgeklettert und nun muss er springen. Erst wenn Sie durch die Tür gehen, wissen Sie, was sich dahinter verbirgt.

Aufbrechen und losgehen heißt, dass Sie etwas tun, was für viele von uns ungewöhnlich ist. „Wer den Aufbruch wagt, in dessen Leben bricht etwas Neues ein. Es ist kein feindlicher Einbrecher, der sein Haus plündert. Vielmehr bricht etwas ein, das sein inneres Haus bereichert und ausschmückt“ (Anselm Grün).

Wenn Sie nun den ersten Schritt auf dem inneren Jakobsweg wagen und losgehen, dann heißt das: Sie trauen sich, etwas zu tun, was Sie sonst nicht machen würden. Wer geht schon freiwillig ins Unbekannte? Doch der Pilger folgt seinem Impuls und geht einfach los. Egal, was da auch kommen mag. Der Weg reizt ihn und dafür lohnt es sich, seinen inneren Skeptiker in die Schranken zu weisen. Er weiß, dass er immer am richtigen Ort ist, mit den richtigen Menschen, und vergeudet sein Leben nicht mit Zaudern, Zweifeln oder Zögern. Sein Motto lautet: „Wann, wenn nicht jetzt!“

Übung 7
Sich auf Neues einlassen

Schreiben Sie 10 bis 20 Verhaltensweisen auf, die untypisch für Sie sind.

Beispiele: sich für eine bestimmte Zeit auf eine ungewisse, neue Beziehung einlassen. Einen Tanzkurs machen. Mit dem Rauchen aufhören. Sich keine Sorgen mehr machen. Für eine bestimmte Zeit nicht mit dem Auto, sondern dem Fahrrad oder öffentlichen Verkehrsmitteln zur Arbeit fahren.

Probieren Sie eine neue, für Sie bisher untypische Verhaltensweise einmal aus. Am besten gleich heute. Was möchten Sie ausprobieren, was ganz untypisch für Sie wäre?
Tun Sie genau das. Nehmen Sie sich diesen Schritt vor und halten Sie fest, ab wann Sie ihn tun wollen. Am besten natürlich gleich ab heute. Vereinbaren Sie das schriftlich mit sich oder einer Ihnen sehr vertrauten Person. Das erhöht die Wahrscheinlichkeit, dass Sie sich auch daran halten.

Ihr erster Schritt auf dem inneren Jakobsweg besteht darin, sich ganz bewusst aus dem allzu Bekannten herauszubegeben, sich von alten Verhaltensweisen und Gewohnheiten zu verabschieden und sich dem Unbekannten zu stellen. Tun Sie einfach mal Dinge, die für Sie ungewohnt sind. Trauen Sie sich etwas zu, was Sie sonst nie tun würden. Auf diese Weise – und nur so – erfahren Sie mehr Lebendigkeit und Lebensfreude. Verlassen Sie Ihre „innere Komfortzone"!

Als ich mir vorgenommen hatte, dieses Buch zu schreiben, wusste ich zunächst nicht, woher ich neben meiner normalen Arbeit noch die Zeit nehmen sollte, für dieses aufwendige Unternehmen. Zudem litt ich seit Längerem schon an einer unangenehmen Einschlafstörung, die mir das Leben und die Arbeit auch nicht gerade erleichterte. Es dauerte ein Weilchen bis ich die Lösung fand: Ich musste meinen ganzen Tagesablauf ändern.

Nicht mehr erst um Mitternacht ins Bett gehen, um acht Uhr aufstehen und um zehn zur Arbeit, sondern zwei Stunden früher zu Bett gehen, zwei Stunden früher aufstehen und zwei Stunden früher bei der Arbeit sein. Das fiel mir anfangs gar nicht so leicht, doch die Belohnung ließ nicht lange auf sich warten. Plötzlich hatte ich zwei Stunden mehr Zeit für die Arbeit – und damit für dieses Buch – und war abends, wenn ich zu Bett ging, so müde, dass ich keine halbe Stunde brauchte, um einzuschlafen. Ich hatte also mit Erfolg meine Komfortzone verlassen und freue mich heute nicht nur über mehr Schaffenszeit, sondern auch über eine bessere Gesundheit. Einschlafen ist für mich kein Problem mehr.

Im Grunde tun Sie dasselbe: Sie wissen vielleicht nicht, woher Sie die Zeit für dieses Buch nehmen sollen. Aber irgendetwas drängt Sie dazu, es doch zu lesen. Und plötzlich finden Sie die Zeit. Das ist schon etwas Ungewöhnliches, etwas Neues für Sie. Versuchen Sie es auch einmal mit einer anderen auf Sie zugeschnittenen neuen Verhaltensweise. Freuen Sie sich darüber, dass Sie auf dem besten Weg sind, Ihre innere Komfortzone zu verlassen und damit Ihren ersten Schritt auf dem inneren Jakobsweg tun. Jetzt sind Sie bereit für den Aufbruch. Das neue Leben kann losgehen!

1. Rauchen aufhören
2. nicht so viel Alkohol
3. Geduldig sein
4. loslassen können
5. mich selbst mögen
6. singen lernen Instrument
7. ehrenamtl. etwas tun
8. Keller ausräumen
9. öfters Fahrrad fahren
10. nicht mehr soviel über alles und jeden nachdenken
11. mit Freunden treffen
12. Sport machen
13. Skibo spielregeln lernen
14. zuhören können
15.

2. Der Schatz – Lebe dein eigenes Leben!

„Die große Frage ist, ob du fähig sein wirst, laut und herzlich ja zu deinem Abenteuer zu sagen.“

Joseph Campbell

Vor Kurzem entdeckte ich in meinem Keller einen dieser Kartons, die man bei jedem Umzug mit sich schleppt und nie anrührt. Darin fand ich ein vergilbtes Kindheitsfoto von mir.

Es zeigt mich im Alter von etwa sechs Jahren. Locker und entspannt an einem großen Baum im Garten meiner Eltern angelehnt. Die Beine gelassen ineinander verschränkt. Was mich am tiefsten beeindruckte, war die vollkommen unbeschwerte und entspannte Körperhaltung, die offenen und neugierigen Augen. Das Foto strahlt eine Weltoffenheit und Sorglosigkeit aus, die ich an mir selbst seit Jahrzehnten nicht mehr erlebt hatte. „Schaut her, das bin ich. Ich bin liebenswert, die Welt steht mir offen und ich habe noch viel vor!“ Das sagt mir das Bild. Und dabei lache ich, scheinbar ohne Hintergedanken, der Welt entgegen.

Der Pilger will sein Leben wieder spüren und in Kontakt kommen mit dem Wesentlichen. Warum? Ganz einfach: Weil er es an seinem Lebensende bestimmt

nicht bereuen wird, nicht noch mehr Stunden im Büro verbracht zu haben.

„Wir leben wie Tote", hat Albert Camus einmal geschrieben. Vielen von uns ist das Lebensgefühl, das Camus ausdrückt, bekannt. Es ist das Gefühl, nicht selber zu leben, sondern gelebt zu werden. Von anderen und ihren Erwartungen. Von Freunden, Eltern oder den Medien. Und tatsächlich leben wir heute vielfach secondhand. Wir bekommen Bausteine des Lebens vorgesetzt, die wir für ein eigenes Leben verwenden sollen. Wir sollen glücklich sein, und wie dieses Glück aussieht, bekommen wir vorgeschrieben: Wir sollen es kaufen beim MediaMarkt und bei Rewe, immer mehr und immer Schöneres und Besseres konsumieren. Wir haben kaum noch Zeit, uns die Frage zu stellen, ob uns das auch wirklich glücklich macht.

Es ist eine seltsame Entwicklung im Gange: Wir selbst sind an unserem eigenen Leben immer weniger beteiligt. Es wird uns – wenn wir nur wollen – aus der Hand genommen. Alles wirklich Wichtige lassen wir mehr und mehr von anderen erledigen: Liebe und Sex von den Darstellern auf Bildschirm und DVD, Familienleben von den gewerblichen Freizeitgestaltern, Gesprächsbedarf von Talkshows, Abenteuer von der Tourismusbranche. Unser Leben wird aufgespalten in Bedürfnisse, und um die kümmern sich die einschlägigen Dienstleister.

Unser Leben wird so immer schaler und wir selbst werden uns fremder.

Wir verbringen immer mehr Zeit mit Fernsehen, Videos, DVDs und im Internet. Das analoge, sinnlich wahrgenommene eigene Leben befindet sich allenthalber auf dem Rückzug. Dementsprechend verkümmern unsere Sinnesorgane. Immer mehr Menschen brauchen Hör- und Sehhilfen. Gedächtnisforscher haben herausgefunden, dass digitale und virtuelle Erfahrungen graue Löcher auf der Erinnerungszeitlinie hinterlassen, d. h. in unserer Erinnerung ist es so, als hätten wir in dieser Zeit gar nicht wirklich gelebt. Viele leiden am Murmeltiersyndrom (nach dem Film „Und ewig grüßt das Murmeltier"). Sie haben das Gefühl, alles schon mal erlebt zu haben. Dabei ist jeder Tag, den wir zwei Mal leben, einer zu viel.

Das *Selberleben* nimmt immer mehr ab, stattdessen liefern uns Fernsehen und Internet ein scheinbar ungefährliches Ersatzleben frei Haus. Wir ziehen es vor, anderen beim Leben zuzuschauen, anstatt unser Leben selbst in die Hand zu nehmen und eigene Erfahrungen zu machen. Dahinter steckt die Angst vor dem wirklichen, dem wahren Leben, mit all seinen Risiken und Unzulänglichkeiten.

„Jahrhundertelang hat man sich Sorgen um das Leben nach dem Tod gemacht. Dass das Leben vor dem Tod gerade am Aussterben ist, ganz einfach, weil wir kaum noch Zeit und Lust zum Selberleben haben, sollte uns heute noch viel mehr Sorgen machen" (Iris Radisch). Es fehlt nicht nur an der Zeit, sondern vielfach auch an der Lust zum Selberleben. Wir lassen uns immer mehr einzwängen von einem Korsett an festgeschriebenen Terminen und Verpflichtungen. Jeder kennt die Frage: „Und wo bleibe eigentlich ich?"

Es ist genau diese Sehnsucht nach dem wahren Leben, die Sie als Pilger dazu bringt, sich auf die Unwägbarkeiten und Unsicherheiten einer Reise ins Unbekannte und Offene einzulassen. Sie haben es satt, Ihr Leben immer nur fremd bestimmen zu lassen, und sich selbst dabei immer entfremdeter zu werden. Das Gefühl für das Eigene ist Ihnen abhanden gekommen, aber Sie möchten es wieder finden. Es braucht einen Schnitt. Eine Auszeit, damit Sie sich einmal wieder in Ruhe mit sich und dem eigenen Leben beschäftigen können.

Nachdem Sie in der ersten Station, dem Torhaus, gelernt haben, was Sie im Leben schwer macht und was Ihnen eine innere Leichtigkeit verschafft, dreht sich bei der zweiten Station auf dem inneren Jakobsweg, die ich symbolisch als den Schatz bezeichne, alles um die (Wieder-)Entdeckung des eigenen Lebens. Wir müssen unterscheiden lernen zwischen dem, was an Erwartungen von außen auf uns einbricht, und dem, was wir selbst mit unserem Leben anfangen wollen.

Das ist keine leichte Aufgabe: Die Aufforderung lautet: *Lebe (endlich) dein eigenes Leben!* Lass dich nicht von anderen und ihren Erwartungen an dich bestimmen! Darum geht es. Der Schatz, den Sie suchen und auf den Sie hier wieder stoßen werden, ist Ihr eigenes Leben, sind Ihre vergessenen Träume, Ihre Offenheit für das Leben. Der Schatz ist die innere Stimme, auf die Sie wieder zu hören lernen. Ihr Schatz besteht aus all dem, was noch unbedingt von Ihnen gelebt werden will, bevor es zu spät ist. Wann, wenn nicht jetzt? Denn Sie sind sich bewusst, dass ein gutes Stück Ihres Lebens bereits hinter ihnen liegt und dass Sie das noch vor ihnen befindliche Stück so gut und so wesentlich wie möglich erleben möchten.

Doch wie kann das gelingen? Wie können Sie herausfinden, was Ihr wahres Leben ist? Wie können Sie wieder Zugang zum eigenen Leben finden? Das Wesentliche vom Unwesentlichen trennen?

Das eigene Leben neu entdecken

Der Pilger will sich selber und sein Leben wieder neu entdecken. Er will endlich sein eigenes Leben leben. Dazu begibt er sich in eine unsichere, herausfordernde Realität. Dort wird er mit Regen, Sonne, Wind, Hitze und Kälte, Anstrengung, Schweiß und Unsicherheit konfrontiert. Doch indem er sich bewusst den Elementen des Lebens aussetzt, macht er auch wieder Erfahrungen mit allen Sinnen. Und sinnlich die Welt neu erleben, das kann auch heißen, dass sich dadurch ein neuer Sinn im Leben ergibt. Er fühlt sich (wieder) lebendig und ist bereit, das Leben in seiner Fülle neu zu spüren. Dazu macht er die Augen auf, geht offen und sorglos durchs Leben.

Die Unannehmlichkeiten und Beschwerlichkeiten des Weges sind der Preis, den er für die Neuentdeckung des eigenen Lebens bezahlt. Er öffnet sich für die pralle, unmittelbare Erfahrung eines Lebens aus erster Hand. Er möchte das Leben wieder ganz ohne Schutzhülle genießen. Der Pilger verlässt bewusst die sich immer stärker ausbreitende virtuelle Welt und setzt sich wieder dem wahren Leben aus. Er schirmt sich ab von fremden Einflüssen und Meinungen. Er möchte das einfache Leben entdecken und sein Leben wieder selbst in die Hand nehmen.

Der Pilger ist ganz im Hier und Jetzt, zufrieden mit den einfachsten Dingen. Er spürt die Sonne auf seiner Haut, Hunger im Bauch, die Müdigkeit in den Beinen und den Stein, der im Schuh drückt. Doch er genießt seinen Entschluss, sich ins Unbekannte aufgemacht zu haben. Im einfachen Gehen entdeckt er wieder den Augenblick. Vielleicht pfeift er dabei ein Liedchen.

Übung 1
Die Kraft des JETZT im Gehen entdecken

1. *Nehmen Sie sich in den kommenden 7 Tagen täglich mindestens 45 Minuten Zeit für einen Spaziergang in der freien Natur und gehen Sie dabei gemächlichen Schrittes.*
2. *Nehmen Sie die Natur dabei einmal ganz bewusst mit allen Sinnen wahr. Versuchen Sie, nur auf das zu achten, was Sie sehen. Konzentrieren Sie sich beispielsweise einmal nur ganz auf das Hören; dann auf das Riechen; auf das Tasten etc.*
3. *Danach achten Sie auf alles, was Sie in Ihrem Körper spüren. So können Sie die Intensität Ihrer sinnlichen Wahrnehmung steigern und Ihre Sinne reinigen.*

Machen Sie diese Übung zu Ihrer täglichen Gewohnheit. Setzen Sie sich bei jedem Wetter den Elementen aus. Sie werden erleben, wie die Natur Sie immer wieder neu belebt und erfrischt.

Übung 2
Die Kraft des Nicht-Tuns

1. *Nehmen Sie sich eine Woche lang, jeden Tag 20 Minuten ganz allein für sich und tun Sie in dieser Zeit gar nichts.*
2. *Setzen oder legen Sie sich dabei hin.*
3. *Seien Sie einfach nur präsent für alles, was auftaucht. Lassen Sie Ihren Gedanken dabei freien Lauf, ohne auch nur einen von ihnen festzuhalten oder zu bewerten. Genießen Sie dieses Kommen und Gehen der Gedanken.*
4. *Nehmen Sie Ihre Körperempfindungen, Ihren Atem wahr und entspannen Sie sich in dem, was ist.*

In Kontakt kommen mit sich selber

Ein berühmter Mann (Blaise Pascal) sagte einmal: „Das Elend der Menschen besteht darin, dass sie nicht in der Lage sind, mit sich allein in einem Raum zu sein.“ Wir leben in einer Gesellschaft, in der wir selten mit uns allein sein können. Das Alleinsein hat kein gutes Image. Es haftet ihm ein Makel an: „Mit dem stimmt doch irgendetwas nicht.“ Es gibt eine ungeschriebene Regel, die besagt, dass wir ständig etwas tun müssen. Bloß nicht nichts tun. Wir werden nach außen an die Peripherie gezogen, wo wir uns mit allem Möglichen beschäftigen, nur nicht mit uns selbst. Dabei werden wir uns immer fremder. Wir fühlen uns zerrissen, ausgelaugt und leer. Wie schaffen wir es da, wieder in Kontakt mit uns zu kommen?

Dazu müssen wir vor allem lernen, in die Stille zu gehen und sie auch auszuhalten. Wir sollten deshalb nach Möglichkeiten suchen, wie wir den ganzen Input, der über das Fernsehen, das Radio, die Werbung, das Internet von außen auf uns hereinprasselt, ausschließen und so unsere innere Stimme, unsere Intuition und unser Herz wieder klar und deutlich wahrnehmen. Das ist aber keine leichte Übung. Doch wenn Sie den inneren Schatz in sich wieder entdecken wollen, kommen Sie nicht darum herum. Das ist der erste Schritt zum Selberleben.

Übung 3
24-Stunden-Informationsfasten

Bei dieser Übung geht es darum, für 24 Stunden (oder auch länger) den gewohnten Informations-Input zu unterbinden, um wieder eine Erfahrung des eigenen SEINS zu machen.

1. *Suchen Sie sich einen passenden Tag aus, an dem Sie diese Übung über 24 Stunden hinweg praktizieren können. An diesem Tag verzichten Sie für 24 Stunden auf jeglichen Input, d. h. kein Radio, kein Fernsehen, kein Internet, kein Kino, keine Zeitung, Illustrierte und auch kein Buch.*
2. *Verbringen Sie auf diese ungewöhnliche Weise einfach einen Tag mit sich selber. Seien Sie gespannt und neugierig wie ein Forscher, der ein fremdes Land erforscht. Heißen Sie alles, was auftaucht, willkommen! Widerstehen Sie der Versuchung, Ihre Erfahrung, die Sie an diesem Tag mit sich selber machen, zu bewerten oder kontrollieren zu wollen.*

Was mir wirklich wichtig ist

Vielen Menschen ist der Kontakt zu dem, was ihnen wirklich wichtig ist im Leben, zu dem, was sie wirklich wollen, verloren gegangen. Auf dem inneren Jakobsweg geht es genau darum: das Wesentliche in Ihrem

Leben wieder kennenzulernen und neu zu entdecken. Als Pilger können Sie wieder erkennen, was Ihnen das Wichtigste, das Wertvollste im Leben ist. Im Pilgern schaffen Sie sich einen inneren Freiraum, in dem Sie Ihre wahren Prioritäten wieder zu fühlen lernen. Sie erkennen, was Ihnen wirklich wichtig ist.

Übung 4
Die Einmaligkeit des Moments

Notieren Sie sich drei Momente aus den vergangenen zwölf Monaten, in denen Sie sich lebendig, glücklich und wesentlich gefühlt haben.

Beantworten Sie nun für Sich die folgenden Fragen:

1. *Worin lag das Besondere dieser Momente?*
2. *Wie lange dauerten diese Momente an?*
3. *Wie können Sie mehr solcher Momente in Ihr Leben bringen?*
4. *Fragen Sie sich jeden Tag: Wie kann ich dem heutigen Tag ein wesentliches, einmaliges Gesicht geben? Wie kann ich mich in meiner Einmaligkeit darin ausdrücken?*

Übung 5
Was mein Leben wertvoll macht

Stellen Sie sich die folgenden Fragen. Schreiben Sie die Antworten diesmal unbedingt in Ihr Pilgerbuch:

1. *Was ist für mich das Wertvollste, Kostbarste im Leben (Familie, Freundschaft, Liebe, Karriere, Gott etc.)?*
2. *Was sind meine fünf wichtigsten Werte (Liebe, Spaß, Geld, Gesundheit etc.)? Ordnen Sie diese im Sinne einer Hitliste an.*
3. *Wie zeigt sich die Wichtigkeit des jeweiligen Wertes in meinem aktuellen Leben?*
4. *Wo und wie verstoße ich gegen meine eigenen Werte und Überzeugungen?*
5. *Worauf möchte ich auf gar keinen Fall in meinem Leben verzichten?*
6. *Sortieren Sie die folgenden Lebensbereiche entsprechend ihrer Wertigkeit: Familie, Ehe, Gesundheit, Körper, Finanzen, Sexualität, Partnerschaft, Gott, Karriere, Beruf, Freundschaft.*
7. *Leben Sie nach dieser Wertigkeit und Wichtigkeit?*
8. *Wann möchten Sie damit anfangen, Ihr Leben entsprechend Ihren wahren Wertvorstellungen umzugestalten?*

Übung 7
Meine höchsten Lebensziele

Stellen Sie sich den folgenden Fragen:

1. *Was will ich im Rest meines Lebens, der heute beginnt, noch erleben, lernen, tun, lassen?*
2. *Welche Wünsche habe ich für die Zeit, die noch vor mir liegt?*
3. *Was möchte ich ganz konkret in den nächsten zehn Jahren noch erleben, lernen, tun, lassen?*
4. *Und was in den nächsten fünf Jahren?*
5. *Welche äußeren Umstände und welche Menschen können mich dabei unterstützen?*
6. *Welche inneren Haltungen und Einstellungen fördern die Erfüllung meiner Sehnsüchte und Lebensziele?*

Nun sind Sie dem, was für Sie im Leben wirklich wichtig ist, und dem, was Sie noch alles erleben, lernen, tun und lassen wollen, ein Stück näher gekommen. Sie haben sich innerlich wieder neu ausgerichtet. Es ist erstaunlich, wie genau wir das oft wissen und wie schnell wir es doch im Alltag wieder vergessen. Machen Sie sich daran, Ihrem Leben entsprechend Ihren eigenen Wert-Orientierungen wieder eine neue, Ihre eigene Richtung zu geben. Darin liegt der Sinn dieser Station: Heben Sie Ihren Schatz!

Vergegenwärtigen Sie sich immer wieder, dass Sie selbst der Gestalter Ihres Lebens sind. Wenn Sie etwas anderes glauben, dann vergessen Sie es. Niemand –

außer Ihnen selbst – ist für das Leben verantwortlich, wie Sie es heute leben. Und niemand – außer Ihnen selbst – kann es wieder so werden lassen, dass Sie morgens mit Freude, Tatendrang und Neugier aus dem Bett springen. Sie sind kein Opfer, Sie werden nicht gelebt, Sie können selbst entscheiden, wie Sie leben wollen.

Wenn Sie die Übungen dieser Station absolviert haben, dann wissen Sie jetzt vielleicht, dass Ihnen die Familie am meisten bedeutet, dass Sie aber selbst kaum noch Zeit für Ihre Kinder oder Ihren Partner gefunden haben. Dann ändern Sie es. Vielleicht haben Sie aber auch herausgefunden, dass für Sie die Arbeit längst nicht das Wichtigste im Leben ist. Dann seien Sie nicht länger unzufrieden mit Ihrem Job, Ihren Kollegen oder wegen zu geringer Beachtung. Es gibt Wichtigeres für Sie.

Vielleicht hilft Ihnen auch diese kleine Geschichte:

Ein Professor stand vor seinen Studenten und hatte einige Gegenstände vor sich. Als der Unterricht begann, nahm er wortlos einen sehr großen Blumentopf und begann diesen mit Golfbällen zu füllen. Er fragte die Studenten, ob der Topf nun voll sei und sie bejahten es.

Dann nahm er einen Behälter mit Kieselsteinen und schüttete diese in den Topf. Er bewegte den Topf und die Kieselsteine rollten in die Lehrräume zwischen den Golfbällen. Anschließend fragte er wieder die Studenten, ob der Topf nun voll sei und sie stimmten zu.

Der Professor nahm als Nächstes eine Dose mit Sand und schüttete diesen in den Topf. Natürlich füllte der Sand den kleinsten Freiraum zwischen den Golfbällen und den Kieselsteinen. Er fragte wieder, ob der Topf nun voll sei und die Studenten antworteten einstimmig mit ja.

„Nun", sagte der Professor, „ich möchte, dass Sie diesen Topf als das Spiegelbild Ihres Lebens ansehen. Die Golfbälle sind die wichtigen Dinge in Ihrem Leben: wie Ihre Familie, Ihre Kinder, Ihre Gesundheit, Ihre Freunde, die bevorzugten, ja leidenschaftlichen Aspekte Ihres Lebens. Falls Sie in ihrem Leben alles verlieren sollten und nur noch die Golfbälle hätten, wäre Ihr Leben auch noch voll ausgefüllt. Die Kieselsteine symbolisieren die anderen Dinge im Leben wie Ihre Arbeit, Ihr Haus, Ihr Auto. Der Sand ist alles andere, die Kleinigkeiten. Falls Sie den Sand zuerst in den Topf geben, hat es weder Platz für die Kieselsteine noch für die Golfbälle. Dasselbe gilt für Ihr Leben. Wenn Sie all Ihre Zeit und Energie in Kleinigkeiten investieren, werden Sie nie Platz haben für die wichtigen Dinge im Leben. Also, achten Sie zuerst auf die Golfbälle, die Dinge, die wirklich wichtig sind. Setzen Sie Ihre Prioritäten! Der Rest ist nur Sand.

Also spielen Sie mit Ihren Kindern. Nehmen Sie sich Zeit für eine medizinische Untersuchung. Führen Sie Ihren Partner zum Essen aus. Es wird immer noch Zeit bleiben, um das Haus zu reinigen oder andere Pflichten zu erledigen.

Um sich wieder neu zu sortieren, hilft auch die Erkenntnis: Keiner – auch Sie nicht – wird es am Ende aller Tage bereuen, nicht auch noch die nächste Generation irgendeines Handys oder eines Turnschuhs ausprobiert zu haben. Am Ende wird klar, dass das Ganze nicht die Probe für etwas war, das noch kommt. Es war bereits die Aufführung. Also fangen Sie jetzt an und nehmen Sie die Aufforderung ernst: Leben Sie Ihr eigenes Leben!

3. Die Steinwüste – Umarme deine Angst!

„Angst ist eine weise Dienerin, aber eine törichte Herrin."

Wolfgang Schmidbauer

Mein Lebenstraum beinhaltete immer, dass ich irgendwann einmal selbstständig arbeiten wollte. Aber erst mit 42 hatte ich den Mut, mich in diese mit vielen Risiken behaftete Lebensform zu begeben. Davor lebte ich viele Jahre mit der Angst davor, diesen Schritt zu tun. Was wenn alles schief läuft? Wenn die Geschäftsidee nicht einschlägt? Wenn meine Planungen und Wünsche nicht eintreffen? Was werden die anderen denken? Meine Freunde, mein Partner, meine Kinder? Die Angst war mein ständiger Begleiter und es gab genügend Menschen in meinem Umfeld, die diese Angst auch noch schürten. Wie kannst du einen sicheren Arbeitsplatz so leichtfertig aufgeben? Bist du noch ganz bei Sinnen? Irgendwann kam aber dann der Zeitpunkt, an dem ich alle Bedenken über Bord warf und einfach sprang. Hinein ins Ungewisse, in meine Berufung.

Vor den eigenen Ängsten wegzulaufen, ist die uneffektivste Form, um mit ihnen fertig zu werden. Wie man besser damit umgehen kann, das lernt der Pilger in der Steinwüste.

Seit mehreren Tagen sind Sie nun schon als Pilger auf Ihrem Weg. Ich gratuliere Ihnen, dass Sie bis hierhin durchgehalten haben. Sie haben sich ganz bewusst für diesen (inneren) Weg entschieden und dabei Ihren Schatz entdeckt, das, wonach Sie Ihr Leben neu ausrichten wollen. Nun wissen Sie auch wieder, wie es sich anfühlt, lebendig, glücklich und wesentlich zu sein. Sie sind aufgebrochen und fühlen sich jetzt vielleicht euphorisch und stark. Sie haben erfahren, dass Sie sich ganz bewusst auf einen Weg machen können, den Sie bisher nicht für möglich gehalten haben. Sie sind voller Zuversicht und empfinden eine Vorfreude auf das ganz Neue, Ungewohnte, dem Sie nun entgegengehen.

Aber Vorsicht! Auf dieser Station Ihres inneren Pilgerweges tut sich plötzlich eine karge Landschaft auf. Der Weg wird mühselig und anstrengend. Die Leichtigkeit und Freude auf Ihrem Weg nach innen bekommt einen ersten Dämpfer. Das Weitergehen macht keinen rechten Spaß mehr. Sie verlieren den Mut. Hier, an der dritten Station des inneren Jakobsweges, in der Steinwüste, werden Sie von neuen Fragen, Kummer und Zweifel aufgewühlt:

„Was mache ich hier eigentlich?"

„Macht das alles überhaupt einen Sinn?"

„Wieso habe ich mich auf dieses Abenteuer eigentlich eingelassen?"

„Das ist mir doch alles viel zu anstrengend."

„Das schaffe ich nie!"

Die Angst vor der Angst macht sich breit: Am liebsten würden Sie jetzt aufgeben und wieder nach Hause fahren, die Füße hochlegen – zurück ins vertraute, alte Leben! Doch es ist ein Wesenszug des Pilgerweges, dass er Ihnen von Zeit zu Zeit Angst macht. So wie uns auch das ganze Leben immer wieder Angst einflößt. Der Pilgerweg ist eben ein Sinnbild unseres Lebens – unberechenbar und unkontrollierbar. Das ist die eigentliche Erfahrung des Pilgers in der Steinwüste: Die eigene Angst stellt sich ihm wie ein Monster in den Weg und lässt ihn verzweifeln und verzagen.

Die Frage lautet jetzt: Wie gehe ich mit meinen tiefsten Ängsten eigentlich um? Nur wenn Sie sich auch für Ihre Ängste öffnen, sie anschauen und in Ihr Leben holen, kommen Sie mit Ihrem ganzen Leben in Berührung. Nicht nur mit seinen Sonnen-, sondern auch mit seinen Schattenseiten. Ängste gehören zum Leben wie das Kalte und das Warme, wie Plus und Minus, wie Freude und Leid. Ängste sind ganz normal.

Die Steinwüste ist der innere Ort, an dem wir unseren Ängsten nicht mehr ausweichen können. Ein Ort, an dem uns unbehaglich wird, den wir gerne meiden würden. Hier zeigt sich: Der Weg des Pilgers ist kein Spaziergang, sondern ein mitunter anstrengender, steiniger Weg.

In der Steinwüste begegnet er allem, wovor er bislang weggelaufen ist, allem, was er nicht wollte, was er versucht hat, unter den Teppich zu kehren. Jetzt taucht es wieder auf. So wie Jesus in vierzig Tagen in der Wüste mit allen Versuchungen und Herausforderungen konfrontiert wird, wird der Pilger in der Steinwüste mit seinem Schatten konfrontiert. Der Schatten heißt Bequemlichkeit, Zweifel, Angst.

„Du hast nur so viel Mut, wie du Angst hast“, schreibt der Schriftsteller Martin Walser in seinem

Roman „Angstblüte". Ein Satz, der zunächst seltsam anmutet. Doch ohne das Empfinden einer tiefen Angst gäbe es keinen Mut. Wer keine Höhenangst kennt, für den braucht es keinen Mut, um vom 10-Meter-Brett zu springen. Wer Angst vor dem Wasser hat, wird nicht zuversichtlicher, wenn er am Ufer ein Schwimmlehrbuch nach dem anderen studiert. Er muss hinein. Nur so kann er lernen, seine Ängste zu bewältigen. Erst wenn wir unsere Ängste kennen, sie durchleben und als einen Teil unserer Persönlichkeit akzeptieren, können wir die Erfahrung des eigenen Muts machen. Das ist der höhere Sinn der Angst: dass wir sie transformieren können in Mut, in Lebensmut. Wo deine Angst ist, da ist dein Weg!

Die Aufforderung in der Steinwüste heißt also: Stell dich deinen Ängsten! Um sich Ihrer Angst aber stellen zu können, ist es hilfreich, wenn Sie etwas mehr über das Wesen der Angst erfahren, und wir der Frage nachgehen, warum es sinnvoll ist, sie als unseren Verbündeten für unsere persönliche Weiterentwicklung zu verstehen.

Die Angst hat nämlich immer zwei Aspekte: Einerseits kann sie uns aktiv machen, andererseits vermag sie uns zu lähmen. Das Annehmen und Meistern der eigenen Ängste entwickelt uns und lässt uns reifen. Das Ausweichen vor ihr und der Auseinandersetzung mit ihr lässt unsere eigene Entwicklung stagnieren. Angstvermeidung lähmt unsere Entwicklung hin zur Reife, denn jeder Entwicklungsschritt ist zunächst einmal untrennbar mit Angst und Zweifeln verbunden, weil sie in etwas Neues, bisher noch nicht Gekanntes und Gekonntes führt. Das kann sowohl eine innere als auch eine äußere Situation sein. „Entwicklung und Reifung haben also offenbar viel zu tun mit Angstüberwindung, und jedes Alter hat ihm entsprechende Reifungsschritte und dazugehörige Ängste, die überwunden und gemeistert werden müssen" (Fritz Riemann). Insofern ist die Angst stets eine produktive Kraft. In der Bewältigung der eigenen Ängste liegt die Möglichkeit, seine Entwicklung einen entscheidenden Schritt weiterzubringen. Diese Möglichkeit gilt es, in der Steinwüste für sich zu entdecken und nutzen.

Die Angst empfinden wir oft als Zaun, der unser Leben eng macht. Wenn wir aber genau das tun, wovor wir am meisten Angst haben, befreit uns das und macht uns innerlich weit. In der Steinwüste können wir das lernen: dass es am besten ist, nicht vor der Angst wegzulaufen, sondern sie wie einen guten Freud zu umarmen. Eine wichtige Hilfe liegt darin, „die Angst als natürliche Reaktion zu erkennen, die nichts Dämonisches hat, wenn wir sie verstehen und versuchen, mit ihr zu leben" (Wolfgang Schmidbauer).

Wenn wir eigene Ängste überwinden wollen, dann kann ein gewisser Druck von außen dabei sogar hilfreich sein. Für den inneren Jakobsweg heißt das: Der Pilger muss durch die Erfahrung der Angst hindurch, um sein ersehntes Ziel – die Kathedrale – zu erreichen. Ohne die Beschäftigung mit den eigenen Ängsten wird er sein Ziel nicht erreichen.

Auf seiner Suche nach Wahrhaftigkeit ist der Pilger bereit, innezuhalten, sich seinen Ängsten zu stellen, d. h. sich dem zuzuwenden, wovor er (vielleicht ein Leben lang) bislang weggelaufen ist. „Wir stärken unsere Zuversicht, wenn wir der Angst nicht ausweichen, sondern lernen, trotz unserer Angst zu handeln. Zuversicht wächst, wenn wir mit unserer Angst handlungsfähig bleiben, weil wir dann die Erfahrung machen, dass wir auch unter Ängsten aktiv sein und Ziele verwirklichen können" (Schmidbauer). Vor den eigenen Ängsten wegzulaufen, ist also die uneffektivste Form, um mit ihnen fertig zu werden. Ängste, die uns unbewusst sind, haben die größte Macht über uns. Schon deshalb sollten wir sie uns bewusst ansehen. Um mit ihnen besser zurechtzukommen, schlage ich Ihnen einen mutigen Dreischritt vor: Wahrnehmen, Konfrontieren und Verwandeln.

Wahrnehmen

Grundsätzlich erlebt jeder Mensch Angst. Es gibt also keinen Grund, sich seiner Ängste zu schämen. Es ist kein Schwächezeichen, sich diese einzugestehen, sondern vielmehr ein Zeichen von großer Bewusstheit und innerer Stärke. Angst ist ein Schlüssel, eine Chance, um uns selbst besser zu verstehen. Wer von sich behauptet, er kenne keine Angst, der lügt und ist ein bedauernswertes Geschöpf.

Angst ist besser als ihr Ruf, denn sie lässt uns wachsen. Wir erleben Ängste verstärkt in sogenannten Übergangssituationen, wenn sie sich auf etwas Neues einlassen, wie zum Beispiel bei Scheidungen, nach Umzügen oder bei einem Berufswechsel. Haben wir Angst, dann befindet sich unser Körper im Alarmmodus und aktiviert geistige, seelische und körperliche Reserven, die uns helfen, besondere Herausforderungen zu meistern. Angst schärft unsere Sinne, lässt uns schneller laufen, klarer denken, besser kämpfen. Die Angst ist in diesem Sinne mehr Freund als Feind. Und genauso sollten wir mit ihr umgehen. Wie mit einem Freund, einem Teil, der zu uns gehören, integriert werden möchte.

Unsere Angst hat immer so viel Macht über uns, wie wir ihr geben. Wir müssen unsere Ängste also sehr genau kennen, um mit ihnen besser auskommen zu können. Machen Sie sich deshalb zuerst einmal bewusst, wovor Sie eigentlich Angst haben. Nehmen Sie Ihre Ängste wahr. Fühlen Sie sie. Laden Sie Ihre Ängste ein, sich zu zeigen.

Übung 1
In Kontakt mit meinen Ängsten

Beantworten Sie für sich die folgenden Fragen:

1. *Wovor habe ich wirklich Angst?*
   Schreiben Sie sich alle Ängste auf, die Ihnen in den Sinn kommen, ohne lange zu reflektieren.
2. *Was befürchte ich am meisten?*
   Das sind oft reale Möglichkeiten, von denen Sie nicht wollen, dass sie eintreten.

Schreiben Sie Ihre Antworten in eine beliebig lange Liste mit vielen Punkten. Streichen Sie Ihre fünf größten Ängste an.

Übung 2
In Kontakt mit meinem Mut

Beantworten Sie für sich die folgenden Fragen:

1. *Wo, in welcher Lebenssituation, bin ich besonders mutig gewesen?*
2. *Worauf bin ich besonders stolz, weil ich es mich getraut habe?*
3. *Wie sähe mein Leben aus, wenn ich keine Angst hätte?*
4. *Was würde ich am liebsten tun, wenn mich keine Angst zurückhalten würde?*

Konfrontieren

Wenn Sie bereit sind, sich Ihren Ängsten zu stellen, gewinnen Sie neue Schaffenskraft, Freiheit und Freude. Dies zu erkennen, dienen die Übungen, die Sie als Pilger in der Steinwüste durchlaufen.

Übung 3
Der eigenen Angst begegnen

1. *Gehen Sie in einen Raum, der Ihnen angenehm ist und der Ihnen möglichst wenig Ablenkung bietet. Wählen Sie nun aus der Liste Ihrer Ängste (siehe Übung 1) diejenige aus, mit der Sie sich zuerst beschäftigen möchten. Schreiben Sie diese Angst (vielleicht formulieren Sie sie noch einmal neu und deutlicher) mit einem dicken Filzstift auf ein DIN-A4-Blatt, und legen Sie es mitten im Raum aus.*
2. *Wählen Sie jetzt einen für Sie stimmigen Abstand zu diesem Blatt (auf dem z. B. „Existenzangst" steht). Machen Sie sich ihre Gefühle bewusst, die Sie beim Empfinden dieser Angst haben.*
3. *Fragen Sie sich nun:*
   Was genau fürchte ich eigentlich?
   Ist das realistisch?
   Was wäre das Schlimmste, was geschehen könnte? Könnte ich damit leben?
4. *Jetzt nähern Sie sich langsam dem Angst-Blatt. Nehmen Sie alle Gefühle wahr und erlauben Sie sich diese Gefühle. Wenn Sie wollen, stellen Sie sich am Ende auf das Blatt und lassen sich davon überraschen, was Sie dort fühlen. Nachdem Sie sich für alles geöffnet haben, was mit dieser Angst zu tun hat und beim Empfinden dieser Angst auftaucht, kann Ihnen nichts mehr etwas anhaben.*

5. *Machen Sie dieses Ritual auch mit den anderen vier Ängsten, die Sie besonders hervorgehoben haben.*

Als Variante und in Kurzform können Sie die Übung auch folgendermaßen machen:

1. *Schreiben Sie die Angst, mit der Sie arbeiten möchten, auf ein DIN-A4-Blatt,*
2. *Legen Sie es auf den Boden und stellen Sie sich nacheinander eine, dann zwei und schließlich fünf Minuten darauf.*
3. *Dehnen Sie langsam die Zeit weiter aus.*
4. *Welche Gefühle löst das in Ihnen aus?*
   Was haben Sie entdeckt/herausgefunden?
   Anmerkung: Die meisten Menschen stellen fest, dass sich die Begegnung mit der Angst, wenn sie auf dem Schild stehen, viel positiver anfühlt, als sie gedacht hatten.

Übung 4
Die eigenen Ängste akzeptieren

1. *Lassen Sie das Blatt, auf dem eine Ihrer Ängste steht, in der Wohnung liegen – möglichst an einem Platz, an dem Sie täglich vorbeikommen.*
2. *Stellen Sie sich immer mal wieder darauf. Beschäftigen Sie sich damit, bis sich auch Ihr Körper gut anfühlt beim Gedanken an die Angst.*

Übung 5
Mein Angst-Tagebuch

Tragen Sie in ein spezielles Büchlein alle Ihre Ängste ein, die Ihnen einfallen.

Fragen Sie sich jedes Mal:

1. *Wann ist die Angst zum ersten Mal aufgetaucht?*
2. *Wie hat sie sich zum ersten Mal angefühlt?*
3. *Was haben Sie im Zusammenhang mit dieser Angst gedacht?*
4. *Was haben Sie aufgrund dieser Angst getan? Geflüchtet? Verstummt? Geweint? Drogen konsumiert?*

Verwandeln

Sie sind nun Ihren verschiedenen Ängsten begegnet, haben sich Ihnen gestellt und sich mit ihnen angefreundet. Ihre Ängste durften sich zeigen. Damit haben sie bereits einen Teil ihres Schreckens verloren. Ihre Ängste wurden von Ihnen wahrgenommen und gefühlt. Das ist etwas Neues und hat einen gewissen Mut erfordert. Jetzt lade ich Sie dazu ein, noch einen Schritt weiter zu gehen. Sie können erleben, dass die Angst keine Macht über Sie hat, indem Sie einfach über die Angst hinausgehen. Entdecken Sie, dass Sie diese Handlungsmöglichkeit und Freiheit in sich haben. Das geht am einfachsten und besten, indem Sie

Dinge tun, vor denen Sie bisher Angst hatten. Ich verspreche Ihnen, Sie werden sich danach viel lebendiger fühlen, vielleicht sogar richtig glücklich.

Übung 6
Anti-Angsttraining

Stellen Sie sich Ihrer Angst am besten in kleinen Dosen, die Sie nach und nach erhöhen. Gestalten Sie ein Anti-Angsttraining, das Sie sofort und diszipliniert angehen. Am besten binden Sie es zu einer bestimmten Zeit fest in Ihren Tagesablauf ein. Legen Sie sich Ihre Aufgaben detailliert zurecht.
Wenn Sie zum Beispiel Angst vor großen Plätzen haben, könnten Sie dreimal die Woche zu einem Platz fahren, den Sie gerade noch ertragen. Dort bleiben Sie dann eine halbe Stunde. Machen Sie das so oft wie es ohne Probleme geht. Steigern Sie dann Ihre Verweildauer auf dem Platz von einer halben auf eine ganze Stunde. Geht auch das problemlos, steigern Sie die Größe des Platzes und immer so weiter, bis Sie angstfrei und entspannt auf einem großen Platz stehen können.
Ein entsprechendes Training können Sie ebenso durchführen, wenn Sie beispielsweise unter Höhenangst leiden.

Übung 7
Stärkung des „Mutmuskels“

Stellen Sie sich die folgenden Fragen:

1. *Was wollte ich immer schon mal tun?*
2. *Was habe ich mich bisher aus Angst nicht getraut zu tun?*

Erstellen Sie anhand dieser Fragen eine Liste mit vielen kleinen und großen Dingen, die Sie immer schon mal tun wollten, die Sie aber aus irgendeinem Grund, der Ihnen Angst gemacht hat, unterließen. Schreiben Sie je eins auf eine Karteikarte, kleine und große Projekte auf unterschiedlich farbige Karten.

Ziehen Sie jeden Morgen eine „kleine“ Karte für das Tagesprojekt, und jede Woche eine „große“ als Wochenprojekt. Diese Übung stärkt Ihren „Mutmuskel“. Sie werden merken, dass Sie in vielen Bereichen Ihres Lebens mutiger werden, dass sie Spaß daran bekommen, immer öfter Ihre Komfortzone zu verlassen. Sie werden sich lebendiger fühlen als je zuvor. Jeden Tag eine kleine Mutaktion ist das beste Mittel gegen schlechte Gefühle. Ich empfehle Ihnen, diese Übung etwa 30 Tage lang täglich zu machen.

Es gibt ein einfaches Mittel, das in jedem Fall gegen die verschiedensten Ängste hilft: Bewegung. Und mit Bewegung ist hier das einfache Gehen in der freien Natur gemeint. Beim Gehen kommen wir „in die Füße“, können alles sacken lassen. Unser Kopf wird klarer, die positiven Schwingungen der Natur können sich in uns ausbreiten und nach wenigen Stunden betrachten wir das Leben insgesamt gelassener und freudiger.

„Schreitest du auch durch Wasser, durch Ströme, sie schwemmen dich nicht fort; gehst du durchs Feuer, du wirst nicht versengt, und die Flamme verbrennt dich nicht" (Jesaja 43,2). Beim Gehen können wir solche Worte meditieren.

Die Schauspielerin Shirley McLaine beschritt vor einigen Jahren den Jakobsweg. Dabei tauchten zahlreiche ihrer Ängste auf, die sie seit Jahren mit sich herumschleppte. In ihrem Buch „Der Jakobsweg – eine spirituelle Reise" schreibt sie, dass sie dabei einmal allein durch ein kleines Dorf wanderte. Da fingen zwei junge Burschen damit an, sie mit Steinen zu bewerfen. Sie bekam Angst vor dieser Situation. Nach kurzer Überlegung riss sie allen Mut zusammen, nahm ihren Pilgerstab und ging drohend auf die Burschen zu. Die Jungs flüchteten und Shirley nahm sogar noch deren Verfolgung auf. Das war ein Erlebnis, das für sie ganz entscheidend war: die Erfahrung, sich der eigenen Angst zu stellen, über sie hinauszugehen.

4. Die Wegkreuzung – Entscheide dich!

„Ich kann freilich nicht sagen, ob es besser wird, wenn es anders wird; aber so viel kann ich sagen: Es muss anders werden, wenn es gut werden soll."

G. C. Lichtenberg (1742–1799)

Als ich nach meiner Schulzeit mir mit 16 Jahren den falschen Beruf ausgesucht hatte, erschien mir das Leben, vor dem ich gerade stand, ziemlich öde und leer. Der Beruf als Bankkaufmann machte mir keinen Spaß. Mein Freundeskreis war überschaubar, die Liebschaften gingen alle schnell zu Bruch. Ich war instabil, verträumt und ohne jedes Ziel. Es musste sich etwas ändern. Und diese Veränderung musste ich selbst herbeiführen. Da gab es keine andere Wahl. Also wechselte ich den Wohnsitz, zog in eine andere Stadt, fing ein Studium an und hatte schon bald jede Menge Freunde. Das war eine entscheidende Wegkreuzung in meinem Leben. Es dauerte eine Weile bis ich selbst erkannte, dass es kein Schicksal gab. Ich hatte ja die Wahl und ich entschied mich.

Wie man sein Leben verwandeln und neue Klarheit gewinnen kann, das erfährt der Pilger an der Wegkreuzung. Dazu muss er sich nochmals bewusst für den weiteren Weg entscheiden.

Nachdem Sie als Pilger in der Steinwüste auf Ihre eigenen Ängste gestoßen sind, nehmen Sie ganz bewusst wahr, dass Sie nun an einer entscheidenden Wegkreuzung auf Ihrem Pilgerweg angekommen sind. An diesem Punkt haben Sie verschiedene Möglichkeiten weiterzugehen. Nehmen Sie den Weg nach rechts, den nach links oder gehen Sie weiterhin geradeaus. Sie können natürlich auch einfach nur stehen bleiben. An der Wegkreuzung haben Sie die Wahl, wie und in welcher Richtung es nun weitergehen soll. Und in dieser Wahl sind Sie frei.

Spontan und selbst nach kurzer Überlegung können Sie sich vielleicht weder für die eine noch für die andere Richtung entscheiden, aber auch nicht dafür, auf dem einmal eingeschlagenen Weg einfach so weiterzugehen. Sie kommen ins Nachdenken, müssen Ihren Standort womöglich neu überdenken, überlegen, wie Sie bis an diesen Punkt des Pilgerweges überhaupt gekommen sind. Wenn Sie das alles im Moment überfordert, ruhen Sie sich womöglich erst einmal aus, setzen sich auf einen Stein und schauen verträumt in die Landschaft.

An dieser Station wird von Ihnen eine Entscheidung verlangt. Die Aufforderung lautet nun: Die Kraft der Entscheidung für sich entdecken! Die Wegkreuzung symbolisiert einen Wendepunkt in unserem Leben. Und solche Wendepunkte gibt es immer wieder. Das kann die Trennung von einem langjährigen Partner, ein Berufs- oder Wohnortwechsel oder ein anderes Ereignis sein, an dem Ihr Leben eine neue Richtung einschlägt. Manchmal spüren wir sofort und ganz intuitiv, dass wir an einem solchen Wendepunkt angelangt sind. Manchmal ahnen wir es zunächst nur, wollen es aber vielleicht innerlich einfach noch nicht wahrhaben.

Doch wie erkennen Sie, dass Sie an einer Wegkreuzung in Ihrem Leben angelangt sind? Das kann damit beginnen, dass Sie sich immer öfter eingestehen müssen: „Es ist genug“ oder „Ich kann nicht mehr“. Dass Sie Ihre Kräfte immer öfter verlassen und Ihre ganze Lebenssituation als immer unbefriedigender und schwieriger empfinden. Wer sich in der Nähe einer Wegkreuzung befindet, bei dem herrscht dieses unangenehme Gefühl vor, das oft über Jahre mehr oder weniger erfolgreich verdrängt werden konnte. Wenn dieses Gefühl immer häufiger auftaucht und der Mechanismus des Verdrängens immer weniger greift, will etwas wahrgenommen und erkannt werden. Wir erkennen, dass wir unsere eigene Entwicklung blockieren, wenn wir so weitermachen wie bisher. Es wird uns mehr und mehr und manchmal auch sehr schmerzlich bewusst, dass sich etwas in unserem Leben ändern muss. Wir stellen fest, dass die ganze Richtung unseres Lebens nicht mehr stimmt.

Möglicherweise werden wir dann sogar wütend auf uns selbst, weil wir es uns nicht verzeihen können, dass wir unser Leben schon so lange in eine falsche Richtung gelenkt haben. Auf einmal stellen wir unser ganzes Leben in Frage. Vielleicht hadern wir dann mit uns und fragen uns, ob das wirklich sein muss: Muss ich diese Beziehung wirklich beenden? Muss ich wirklich meinen Job aufhören, weil er mir einfach keinen Spaß mehr macht? Muss ich wirklich meinen Wohnort ändern? Warum kann ich nicht einfach alles so lassen wie es ist? Ein sicheres Anzeichen dafür, dass wir an einer Wegkreuzung in unserem Leben stehen, ist es, wenn wir unsere Lebenssituation, so wie sie sich augenblicklich und vielleicht auch schon länger darstellt, als unbefriedigend empfinden und wir am Leben keine Freude mehr finden. Dann steht meist eine vielleicht schon lange aufgeschobene Entscheidung an. Der Pilger weiß das: dass sein Weg immer wieder neue, klare Entscheidungen von ihm verlangt, damit er im Fluss bleibt und er in neue Landschaften und Räume vordringen kann und das heißt: An der Wegkreuzung muss sich der Pilger klar und eindeutig für eine neue Richtung in seinem Leben entscheiden. Und diese eine Richtung schließt alle anderen aus. An der Wegkreuzung wird eine Entscheidung von ihm gefordert.

Eine Entscheidung ist immer das Medium, mit dem man sein Leben verwandeln kann. Zu Beginn des Weges hat sich der Pilger für den inneren Jakobsweg entschieden, ist frohgemut losgezogen, hat Ängste und Zweifel erlebt und muss sich nun erneut dafür entscheiden, den Weg weiterzugehen. Diese Entscheidung für den inneren Jakobsweg wird ihm hier an der Wegkreuzung noch einmal abverlangt. Er muss sie nun bewusst noch einmal fällen, denn es gäbe für ihn auch die Möglichkeit seinen Pilgerweg hier abzubrechen. Für welche Richtung er sich entscheidet, ist dabei weniger wichtig als vielmehr die Tatsache, dass er sich überhaupt entscheidet. Viele Wege führen schließlich zum Ziel des Jakobsweges.

Er vertraut darauf, was John Mandeville Mitte des 14. Jahrhunderts so beschrieb: „Wenn ein Mensch sich von zu Hause auf eine Reise begibt und immer weitergeht, kommt er eines Tages an seine eigene Tür zurück." Und dazu gilt es Schwellen zu überwinden und unbekannte Gegenden zu erkunden. Hier an der Wegkreuzung muss er sich erneut mit ganzem Herzen für den inneren Pilgerweg entscheiden. Er muss sich über das, was war, hinwegsetzen und auf das, was noch kommt, einlassen. Es geht nochmals darum, die volle Verantwortung für das eigene Leben zu übernehmen. In der Steinwüste ist der Pilger über seine Ängste hinausgegangen. Jetzt braucht es eine neue, tiefere Entscheidung für den Rest des Weges, denn um die kommenden Herausforderungen zu bestehen, muss er neue Kräfte in sich mobilisieren. Das Mittel, um diese Kräfte zu mobilisieren, ist eine neue, bewusste Entscheidung. Hier an der Wegkreuzung festigt sich seine Entscheidung für den weiteren Weg. Und das macht ihn wieder stark.

Es geht darum, das Ziel nochmals neu und bewusst ins Auge zu fassen und das Versprechen, den Weg zu gehen, zu erneuern. Der Pilger hat auf seinem Weg bestimmte Techniken gelernt, mit sich und seinen Ängsten umzugehen. Er hat sich damit ein ganz neues, inneres Potenzial erschlossen. Er muss darauf vertrauen, dass ihm das auch über den Berg, die weiteren Mühen und Anstrengungen bis zum Ende des Weges hinweghilft.

Auch im normalen Alltag gibt es solche Entscheidungspunkte immer wieder. Wir dürfen sie nicht verpassen! Entscheidungen fällen zu können bedeutet, dass wir frei sind. Nur wenn wir mit unserem ganzen Wesen hinter etwas stehen, also eine klare, kongruente Entscheidung fällen, erfahren wir uns mit unserer ganzen Kraft. Entscheidungen setzen aber nicht nur neue Kräfte frei, sie schenken Klarheit, sind Tore in eine neue Realität und bringen das Leben wieder ins Fließen. Durch die Kraft der Entscheidung verwandelt sich das Leben. Wir werden wieder zum Gestalter. Deshalb ist es wichtig, Wegkreuzungen im Leben zu erkennen und sie als Entscheidungspunkte zu verstehen. Immer wenn Sie das Gefühl haben, dass Ihr Leben vor sich hindümpelt, dass es keinen richtigen Spaß mehr macht, kann es sein, dass Sie an solch einem Punkt angelangt sind und eine Entscheidung treffen müssen. Und oft ist eine falsche Entscheidung besser als keine.

Entscheidungen kreieren Kraft

Von dem Schauspieler und Lebensphilosoph Peter Ustinov stammt das Wort: „Wenn du nicht weißt, was du tun sollst, dann tue nichts." Doch im richtigen Leben ist es meist so, dass derjenige, der sich nicht entscheiden kann, in einen Zustand der Lähmung und Stagnation fällt. Eine Entwicklung ist ohne klare Entscheidungen gar nicht möglich. Wer sich um eine notwendige Entscheidung drückt, der wird bald keine Freude mehr an seinem Leben haben. Wer sich entscheidet, setzt sich immer der Gefahr aus, sich schuldig zu machen, ungerecht zu sein, vielleicht auch anderen zu schaden. Doch nur wer sich entscheidet, übernimmt Verantwortung für sich und sein Leben. Sich mutig für etwas zu entscheiden, setzt in jedem Fall ungeahnte Kräfte frei.

Übung 1
Opfer oder Gestalter?

Wie empfinden Sie sich selbst: als Opfer oder Gestalter Ihres Lebens? Stellen Sie sich die folgenden Fragen:

1. *In welchen Bereichen meines Lebens fühle ich mich als Opfer?*
2. *Was bereitet mir in dieser Hinsicht Angst oder gar Panik?*
3. *Wie sehr habe ich (in Prozent ausgedrückt) das Gefühl, Gestalter meines Lebens zu sein?*
4. *Wie sehr habe ich (in Prozent ausgedrückt) das Gefühl, Opfer meines Lebens zu sein?*

Übung 2
Entscheidungen treffen

Immer wieder fordert uns unser Leben dazu auf, Entscheidungen zu treffen. Stellen Sie sich die folgenden Fragen und schreiben Sie die Antworten auf:

1. *Welches waren wichtige Entscheidungen in meinem Leben, die mir Kraft gegeben haben? (z.B. die Entscheidung für einen Beruf, für ein Kind, für einen Partner, für eine Ehe, für eine Trennung oder einen Wohnortwechsel)*
2. *Wo lagen die bisherigen Wendepunkte meines Lebens?*
3. *Wann habe ich eine neue Richtung in meinem Leben eingeschlagen?*
4. *Was hat mir damals die Kraft gegeben, das zu tun?*
5. *Wie kann ich diese Kraft auch heute wieder nutzen?*

Um die Kraft, die von bewussten Entscheidungen ausgeht, zu verstehen, ist es wichtig, dass wir uns immer wieder ins Bewusstsein rufen, wie sehr unser Leben schon bisher von bestimmten Entscheidungen geprägt und beeinflusst wurde. Wie sehr bewusste Entscheidungen die Richtung unseres Lebens bestimmt haben. Und wie sehr sie die Richtung hin zum Besseren gezeigt haben. Dazu ist es hilfreich, sich auf eine imaginäre Reise in die eigene Vergangenheit zu begeben, um zu erkennen, dass es stets eine Entscheidung war, die unser Leben positiv beeinflusst hat und das Leben wieder zum Fließen gebracht hat.

Es gibt aber auch den anderen Fall: Dass wir selbst den Zeitpunkt für eine notwendige Entscheidung versäumt haben und stattdessen die Umstände oder eine andere Person für uns entschieden haben. Dann werden wir zum Opfer und brauchen meist sehr lange, um die Entscheidung, die andere über uns gefällt haben, nachzuholen und zu akzeptieren. So kann es beispielsweise sein, dass man selbst schon seit einigen Jahren das Gefühl hat, dass in der Beziehung zum Partner oder im Job irgendetwas nicht stimmt. Wenn wir selbst nicht den Mut dazu haben, diesen Umstand anzusprechen, zu bearbeiten, die Beziehung zu beenden oder den Arbeitsplatz zu wechseln, kann es sein, dass uns diese Entscheidung von anderer Stelle abgenommen wird. Dann besteht die Gefahr, dass wir uns selbst mitleidig als Opfer betrachten. Doch Selbstmitleid ist ein gänzlich sinnloser und unproduktiver Seelenzustand.

Wir sollten uns also immer vor Augen führen: Derjenige, der entscheidet, der handelt. Derjenige, über den entschieden wird, wird verhandelt. Er verliert seine aktive Rolle und kann den Ereignissen des Lebens nur in der Nachbetrachtung wieder Frau oder Herr werden.

Bleiben Sie also wachsam und prüfen Sie Ihr Lebensgefühl immer wieder von Zeit zu Zeit. Und fragen Sie sich: Kommt mein ungutes Gefühl vielleicht daher, weil ich mich vor einer Entscheidung drücke? Nur derjenige der entscheidet, schreibt das Drehbuch seines Lebens selbst.

Entscheidungen schenken Klarheit

Wer sich zutraut, immer dann eine Entscheidung zu treffen, wenn es notwendig ist, gewinnt neben neuen Kräften auch viel neue Klarheit in seinem Leben. Klarheit und Kraft verlieren wir dagegen in unklaren Situationen, wenn wir uns vor einer Entscheidung drücken oder meinen, sie auf einen späteren Zeitpunkt verschieben zu können. Natürlich kann es sinnvoll sein, eine Entscheidung reifen zu lassen. Purer Aktionismus ist hier nicht gemeint. Doch lange über die Dinge nachzudenken, wie sie sich eventuell entwickeln könnten, ist die eine Sache. Entscheidungen zu treffen – und sei es auch manchmal die falsche – die bessere. Dabei sind nicht nur die großen Entscheidungen gefragt, sondern oft auch die kleinen: „Soll ich diesen oder jenen Punkt wirklich ansprechen?“ Es ist besser, zweimal falsch als einmal gar nicht zu entscheiden. Das trifft nicht nur auf große, sondern auch auf kleine Entscheidungen zu.

Übung 3
Herausforderungen und Hindernisse

Stellen Sie sich die folgenden Fragen und schreiben Sie die Antworten in Ihr Pilgerbuch:

1. *Welche Entscheidungen stehen in meinem aktuellen Leben unmittelbar an?*
2. *Welche Entscheidungen schiebe ich schon lange vor mir her?*
3. *Was hält mich davor zurück, eine ganz bestimmte Entscheidung zu treffen?*
4. *Wo bin ich unentschlossen?*
5. *Wo, in welchen Bereichen meines Lebens (beruflich, privat?) fühle ich mich momentan in einer Sackgasse, in der es weder vorwärts noch rückwärts geht? Wie fühle ich mich dabei?*
6. *Wo, in welchen Bereichen des Lebens stagniere ich? Wie fühle ich mich dabei?*

Übung 4
Entscheidungsfindung

Wenn Sie vor einer wichtigen Entscheidung stehen, schreiben Sie die verschiedenen Alternativen auf Zettel und legen diese auf dem Boden aus. Gehen Sie zwischen diesen Blättern umher und spüren Sie, welche Energie von jedem Zettel ausgeht. Auf den Zetteln könnte beispielsweise stehen:

1. *Ich entscheide mich dafür.*
2. *Ich entscheide mich dagegen.*
3. *Ich entscheide gar nicht.*
   Stellen Sie sich jetzt nacheinander auf jedes einzelne Blatt.
   Spüren Sie genau in sich hinein, was Sie jeweils dabei fühlen. Ihre gefühlsmäßige Reaktion gibt Ihnen wertvolle Hinweise darauf, was auf einer tieferen Ebene mit Ihnen passiert, wenn Sie sich für Position 1., 2. oder 3. entschieden haben.

Entscheidungen öffnen neue Räume

Die Wegkreuzung erfordert eine Entscheidung von Ihnen. Sie ist zugleich eine Einladung, Freude und Lust daran zu haben, das eigene Leben im Fluss zu halten. So bringen Sie von Zeit zu Zeit den notwendigen frischen Wind und mehr Energie in Ihr Leben.

Übung 5
In Fluss kommen

Bringen Sie Ihr Leben wieder zum Fließen. Wenn Sie anstehende Entscheidungen mit dem nötigen Selbstvertrauen fällen und bewusst Risiken eingehen, können Sie die Stagnation der Nicht-Entscheidung überwinden. Fragen Sie sich täglich für ein paar Minuten:

1. *Bin ich in einer Lebenssituation, die eine Entscheidung von mir verlangt?*
2. *Für welche Entscheidung bräuchte ich besonderen Mut?*
3. *Was wäre jetzt eine echte Herausforderung für mich?*

Wenn Sie sich diese Fragen immer wieder gestellt haben, dann nehmen Sie Ihren ganzen Mut zusammen und fällen eine Entscheidung. Das können kleine oder grundsätzliche Entscheidungen sein.

Führen Sie durch, was Sie entschieden haben, und stehen Sie zu Ihrer Entscheidung für einen ganzen Tag, eine Woche, einen Monat, ein Jahr.

Manchmal ist es sehr hilfreich, die Reichweite einer Entscheidung nur auf einen bestimmten Zeitraum zu begrenzen und dadurch Entscheidungsschwierigkeiten zu überwinden.

Wenn Sie sich beispielsweise nicht so recht entscheiden können, ob Sie mit einer bestimmten Person eine tiefere Beziehung eingehen möchten, so kann es hilfreich sein, sich probeweise für drei oder sechs Mo-

nate auf diese Beziehung einzulassen, als immer hin– und herzuschwanken und sich gar nicht zu entscheiden. Die Kraft einer Entscheidung kann nur wirksam werden, wenn Sie sich auch entschieden haben.

Übung 6
Die Plus-Minus-Methode

Zu einer Entscheidung kann man auch einen rationalen Weg beschreiten. Mit einer sogenannten Plus-Minus-Liste. Versuchen Sie deshalb auch diesen Weg.

1. *Nehmen Sie sich eine ganz konkrete Entscheidungssituation vor. Sie könnte in etwa lauten: „Soll ich eine Beziehung mit dieser Frau/diesem Mann eingehen?" Oder: „Soll ich meine jetzige Arbeitsstelle kündigen und mich selbstständig machen?" Oder: „Soll ich den Wohnsitz, die Wohnung wechseln?"*
2. *Unterteilen Sie ein Blatt Papier in zwei Hälften. Auf der linken Hälfte notieren Sie ein großes Pluszeichen und schreiben sich darunter alle Punkte oder Stichworte auf, die sich Ihrer Meinung nach positiv verändern würden, wenn Sie sich für ein Ja entscheiden würden.*
   Über die rechte Hälfte setzen Sie ein großes Minuszeichen und notieren alle Punkte oder Stichworte, die sich Ihrer Meinung nach positiv verändern würden, wenn Sie sich für ein Nein entscheiden würden.
3. *Jetzt werten Sie Ihre Stichpunkte aus. Finden sich mehr Stichworte unter dem Pluszeichen, dann sollten Sie sich für ein Ja entscheiden. Im anderen Fall: Wenn Sie mehr Punkte unter dem Minuszeichen gefunden haben, dann tendiert Ihr Verstand zu einem Nein. Vergessen Sie aber*

nie Ihren Bauch dabei. Vielleicht ist die Liste mit den Plus- und Minuszeichen ein Ansporn für Sie, sich auch einmal gegen Ihren Verstand zu entscheiden. Mehr Analyse führt nämlich nicht unbedingt zu einer besseren Wahl. Im Gegenteil: In vielen Fällen ist es besser, nicht lange zu grübeln und einfach auf seinen Bauch zu hören. Wenn Sie das bisher nicht gewohnt waren, dann versuchen Sie es einmal. Es gibt nämlich eine Intelligenz des Unbewussten.

Vieles erkennt man erst, wenn man losgeht, sich auf den Weg macht und einlässt. Und jedes Sich-Einlassen auf einen neuen Menschen, Job oder Wohnort verlangt eine bewusste Entscheidung für diesen Menschen, Job oder Wohnort. Dadurch verändert sich unser Gefühlsleben und unsere Erfahrungswelt. Wir werden quasi zu einem anderen Menschen und legen neue Gefühlstrukturen an.

Für Entscheidungen gilt generell: Kleine Entscheidungen sollten rational, große intuitiv getroffen werden. Wer auf seinen Bauch hört, ist eigentlich immer gut beraten. Eine Erkenntnis, die inzwischen auch die moderne Hirnforschung unterfüttert hat. Wir sollten deshalb ein gesundes Vertrauen in unsere Intuition, unser „Bauchgefühl" entwickeln. Denn unser Bauchgefühl ist der wahre Entscheider. Er hilft uns zuverlässig, im Leben Orientierung und unseren ganz persönlichen Weg zu finden, damit wir unser optimales Wachstum ermöglichen. Der Verstand ist zu begrenzt.

5. Der Berg – Nimm deine Lebensaufgabe an!

„Begeisterung erhebt das Leben über das Alltägliche und verleiht ihm erst einen Sinn."

Vincent Peale

Als ich vor einigen Jahren in meiner beruflichen Selbstständigkeit das Ziel meines Lebens erkannt hatte, da gab es jede Menge zu tun und immer wieder hatte ich mit Ängsten und Zweifeln zu kämpfen. Manch unvorhergesehenes Ereignis warf mich in meinen Planungen oft schmerzhaft zurück und nicht alles lief so wie ich mir das vorgestellt hatte. Erst viel später, nachdem ich mich besser und das Auf und Ab des Geschäftslebens kannte, stellte sich nach und nach eine Begeisterung für die Aufgabe ein, die ich mir gewählt hatte. Begeisterung ist bis heute der Motor für mein Schaffen und ohne sie wären die Aufgaben, die mir oft übermenschlich erscheinen, gar nicht zu bewältigen. Ohne die Vorstellung es zu schaffen, würde ich es nie schaffen. Und das begeistert mich bis heute.

Wie man sich für seinen eigenen Lebensweg begeistert und alle Kräfte auf die als richtig erkannte Lebensaufgabe konzentriert, das lernt der Pilger am Berg.

Auf Ihrem inneren Jakobsweg stehen Sie nun vor der fünften Station, dem Berg. Er ist groß, mächtig und flößt Respekt ein. Und genau da müssen Sie jetzt hinauf. Und Ihr Entschluss steht fest: Sie wollen da hinauf! Das haben Sie an der Wegkreuzung gelernt. Sie stecken jetzt voller Kraft, Energie und Tatendrang. Sie haben sich für diese Aufgabe entschieden und werden Ihre Entscheidung nun umsetzen.

Der Berg, vor dem Sie stehen, symbolisiert die eigene Lebensaufgabe, alles das, was Sie für sich in Ihrem Leben auf einer tieferen Ebene realisieren wollen, was als Möglichkeit in Ihnen bereits existiert und jetzt mit Begeisterung angenommen und gelebt werden will. Doch bei dieser Station geht es nicht um das Auffinden der Lebensaufgabe. Ihre Lebensaufgabe haben Sie bereits auf der zweiten Station im Symbol des Schatzes entdeckt.

Der Weg zur Bewältigung Ihrer Lebensaufgabe ist erst jetzt frei, der Blick offen – es gibt keine Ängste, Anfechtungen oder Zweifel mehr. Sie haben sich für Ihre Lebensaufgabe bewusst entschieden. Der Berg symbolisiert diese Lebensaufgabe und steht als große Herausforderung vor Ihnen. Das ist das Bild, mit dem Sie ab jetzt in Ihrer Vorstellungskraft arbeiten. Und es symbolisiert: Sie haben im Besteigen dieses Berges Ihre Lebensaufgabe vor sich. Nun können Sie Ihrer Bestimmung folgen, das Projekt Ihres Lebens einem neuen Höhepunkt zuführen oder es zu Ende zu bringen. Sie sind dabei, Ihr Lebenswerk zu schaffen.

Es ist keine anstrengende und mühselige Angelegenheit, den Berg zu besteigen, denn Sie sind durch alle vorherigen Stationen des inneren Jakobsweges bestens dafür gerüstet. Sie sind klar und offen. Sie sind auf Ihrem ureigenen Weg angekommen – und diesen Weg haben Sie jetzt erkannt, akzeptiert. Und er ist begeisternd. Sie erkennen, wie sehr Sie schon immer genau das gewollt haben. Sie können Ihre Lebensaufgabe jetzt klar und deutlich erkennen und sind mit ihr eins geworden. Alle Wolken und Nebelbänke, hinter denen sich Ihr Lebensziel bislang noch verborgen hielt, sind nun verschwunden.

Der Berg ruft und zieht den Pilger. Dieser folgt dem Ruf und erhält so Zugang zu der verborgenen Kraft, die schon immer in ihm geschlummert hat. Schritt für Schritt beginnt er, das in ihm angelegte Potenzial zu realisieren. Je mehr er sich auf den Berg einlässt, umso näher kommt er sich selber. Das gute Gefühl dabei ist so einladend, so begeisternd, wie es Menschen erleben, die alles für ein Projekt geben und ganz darin aufgehen. Solche Menschen können sich begeistern, weil sie das beglückende Gefühl erleben: „Ja, ich gehe meinen Weg!“ Und diese Begeisterung verleiht nun allem, was Sie tun, eine gewaltige Kraft. Der Pilger vor dem Berg kennt sein Ziel und ist gleichzeitig vollkommen eins mit dem Augenblick. Er entdeckt in sich das Gefühl, endlich stimmig zu sein. Sein Leben bekommt eine Perspektive. Der eigene Weg ist gefunden. In der Begeisterung für diesen Weg – und wenn er auch noch so schwer sein mag – liegt die Kraft, ihn auch zu meistern.

Die Begeisterung in sich entdecken

Wer sich auf seine ureigene Lebensaufgabe einlässt, geht durch eine tiefe Transformation. Er erlebt einen Wechsel der Perspektive, spürbar an dem beseligenden Gefühl der Begeisterung, das auch die schwierigsten Aufgaben und die größten Herausforderungen mit Leichtigkeit und Freude gelingen lässt. Die Begeisterung für die eigene Lebensaufgabe schenkt Klarheit, Kraft und Konsequenz. Wenn wir ein selbst gewähltes Ziel klar vor Augen haben, dann kennt unsere Schaffenskraft keine Grenzen.

Unser Verstand allein, auch wenn er noch so klar ist, kann wenig ausrichten, wenn er nicht mit Begeisterung gepaart ist. Die Begeisterung für eine Aufgabe ist deshalb so wichtig, weil sie unserer Seele erst die Kraft einflößt, ihre schönsten Anstrengungen zu machen und auch fortzusetzen. Oder wie Ralph Waldo Emerson es formuliert: „Nichts Großes ist je ohne Begeisterung geschaffen worden."

Begeisterung für eine Aufgabe können wir nur dann empfinden, wenn wir uns vorstellen können, die Aufgabe bereits gelöst zu haben. Begeisterung gehört schon deshalb zur Grundausstattung eines jeden kreativen Menschen. Wir müssen uns vorstellen können, das uns selbst gesteckte Ziel auch erreichen zu können. Begeisterung beruht nicht so sehr auf Fakten als auf unserer Fantasie. Sie ist eine gesteigerte Geistestätigkeit, mit der wir die Einbildungskraft entfesseln, den Verstand schärfen, das Gefühl erwärmen und unseren Willen stärken können.

Übung 1
In Kontakt mit der eigenen Begeisterung

So kommen Sie in Kontakt mit der eigenen Begeisterung. Stellen Sie sich die folgenden Fragen und schreiben Sie die Antworten sorgfältig auf:

1. *Welche Situation fällt Ihnen spontan ein, wenn Sie an „Begeisterung" denken?*
2. *Welche Gefühle und Gedanken löst das Wort „Begeisterung" in Ihnen aus?*
3. *Wann haben Sie sich das letzte Mal so richtig lebendig und voller Begeisterung gefühlt?*
4. *Wie genau fühlt es sich für Sie an, begeistert zu sein?*

Übung 2
Den Moment der Begeisterung spüren

Spüren Sie den Moment der Begeisterung.
Machen Sie sich dazu drei Situationen in Ihrem Leben bewusst, in denen Sie richtig begeistert von etwas oder einer bestimmten Person waren. Wählen Sie eine davon aus und erinnern Sie sich jetzt genau und detailliert an diesen Moment der euphorischen Begeisterung. Geben Sie sich genügend Zeit, um ihn wieder ganz lebendig werden zu lassen.
Öffnen Sie sich immer mehr für dieses Gefühl, lassen Sie es ganz real und klar werden und nehmen Sie es mit allen Sinnen wahr.
Beantworten Sie die folgenden Fragen:

1. *Welche Farbe hat diese Begeisterung?*
   Welchen Klang?
   Welchen Geruch?
   Welchen Geschmack?
   Sehen, hören, fühlen, riechen und schmecken Sie die eigene Begeisterung.
2. *Welche Bewegungen macht Ihr Körper, wenn er begeistert ist?*
   Vielleicht erleben Sie, wie Ihr Gefühl immer stärker wird, je mehr Sie sich dafür öffnen, je sinnlicher Sie es wahrnehmen.

Begeisterung ist ein sinnliches Erlebnis. Sie öffnet uns einen Bereich in unserem Leben, den wir bisher vielleicht noch nicht gekannt haben. Begeisterung ist ein Gefühl. Wir sollten uns diesem Gefühl gegenüber nicht skeptisch verhalten und es nicht unterdrücken oder vom Verstand aus kontrollieren. Begeisterung will losgelassen sein. Sie ist eine Kraft, die tief in uns wurzelt und erweckt werden will. Ohne sie ist alles nichts. Haben Sie also keine Furcht davor. Genießen Sie sich und Ihre Begeisterung!

Das Feuer der Begeisterung nähren

Stress und Hektik lassen den Alltag oft schnell zur Routine verkümmern. Jeder kennt dieses Gefühl, zwar gut zu funktionieren, aber keine richtige Freude mehr am Leben zu haben. Dann liegt unsere Begeisterung am Boden. Doch wir können unsere Begeisterung immer wieder selbst erwecken. Versuchen Sie es einmal damit, Ihre Begeisterung zu nähren.

Übung 3
Begeisterung, wo bist du?

Antworten Sie spontan (ohne längeres Grübeln) auf die folgenden Fragen:

1. *Wo und wann ist meine Begeisterung für mein Leben auf der Strecke geblieben?*
2. *Wie alt waren Sie damals?*
3. *Was genau ist passiert?*
4. *Wer war dabei?*
5. *Empfinden Sie Mitgefühl für die Person, die Sie damals waren, und versichern Sie sich Ihre Bereitschaft, sich trotz der negativen Erfahrung damals wieder ganz für Ihre Begeisterung zu öffnen.*

Übung 4
Mein Begeisterungstag

Angenommen, Sie würden morgen früh voller Begeisterung aufwachen und sie würde auch noch den ganzen Tag über anhalten.

1. *Wie würden Sie einen solchen Tag erleben?*
2. *Wie genau würde dieser Tag sich von Ihren „normalen" Tagen unterscheiden?*
3. *Wie würden Sie Ihre Arbeit tun?*
4. *Wie würden Sie auf andere Menschen zugehen?*
5. *Wie würden Sie andere Menschen erleben?*

Öffnen Sie sich immer mehr für einen Tag voller Begeisterung und genießen Sie Ihre Begeisterung immer stärker. Lassen Sie Ihrer Fantasie freien Lauf und malen Sie sich Ihren persönlichen Begeisterungstag in allen Farben und Facetten aus.

Begeistert leben

Eine Aufforderung fast wie im Märchen: Machen Sie die Begeisterung zur Basis des eigenen Lebens! Also nicht nur für einen Tag oder eine Woche. Nein – für Ihr ganzes Leben. Morgens beim Aufstehen, mittags bei der Arbeit und abends beim Tagesausklang. Erst dann leben Sie auf höchstem Niveau. Spüren Sie in sich hinein und erleben Sie, wie sich ein Leben auf der Grundlage der Begeisterung anfühlt. Begeistern Sie sich für sich selbst!

Übung 5
Die Wow-Qualität leben!

Beantworten Sie die folgenden Fragen:

1. *Wo und wie leben Sie Ihre Begeisterung schon jetzt in Ihrem Leben?*
2. *Wie könnten Sie der Begeisterung wieder mehr Raum geben und sie zu einem wesentlichen Lebensprinzip werden lassen?*
3. *Was sind die Bereiche Ihres Lebens, in die Sie noch mehr Begeisterung bringen möchten? Wie genau können Sie dafür vorgehen? Entwickeln Sie konkrete und praktische Ideen.*
4. *Welches Projekt, welche Aufgabe fasziniert und begeistert Sie? Wo möchten Sie sich in Zukunft mehr mit dieser Qualität einbringen?*
5. *Vielleicht möchten Sie sich auch mehr für das begeistern, was Sie schon längst tun? Beginnen Sie damit, indem Sie alles das mehr wertschätzen, anerkennen und lieben, was Sie schon jetzt leben.*

Übung 6
Vor Begeisterung strahlen

Wer möchte nicht etwas tun, das ihn völlig in den Bann schlägt? Eine Arbeit verrichten, die mehr Kraft spendet als sie verbraucht. All zu oft finden wir uns aber in Situationen, die uns mehr Kraft kosten als sie zurückgeben. Tätigkeiten, die uns auslaugen. Aber es gibt genau so gut solche Dinge oder Tätigkeiten, die uns vor Begeisterung strahlen lassen. Diese Übung soll Ihnen diejenigen Aspekte in Ihrem Leben vor Augen führen, die Ihnen Kraft und Freude geben. Wenn Sie diese Aspekte erkennen, dann können Sie Ihr Leben viel mehr so ausrichten, dass Sie mehr Energie gewinnen statt sie zu verlieren.

Beantworten Sie die folgende Frage:

Was in Ihrem Leben hat Ihnen Kraft gegeben, was hat Sie begeistert?

Nehmen Sie sich ein Blatt Papier und notieren Sie alle Tätigkeiten und Aktivitäten (aus Gegenwart und Vergangenheit), die Sie aufbauen, die Ihnen Freude bereiten und die Ihnen Energie geben. Sie können dabei ganz spezifische Dinge oder Tätigkeiten beschreiben oder auch allgemeine oder beides. Versuchen Sie dabei möglichst spontan zu sein und gehen Sie nach der Stärke Ihrer Gefühle. Erleben Sie die guten Momente noch einmal.

Der Berg ist das Sinnbild für unsere eigene Lebensaufgabe, unseren unvergleichlichen, eigenen Weg. Wenn Sie sich mehr und mehr für Ihr Leben begeistern, Hindernisse stets als Herausforderungen verstehen und annehmen, erleben Sie auch den Berg weniger als Anstrengung denn als das wahre Geschenk Ihres Lebens, für das Sie dankbar sein können. Und weil Sie nun gelernt haben, Ihre eigene Begeisterung zu wecken, steht der Bewältigung dieser Herausforderungen auch nichts mehr im Wege. Und für die Überheblichen unter uns gibt es auch noch ein altes chinesisches Sprichwort: „Für die, die meinen, sie sind an der Spitze: Es gibt immer noch einen höheren Berg."

6. Die Hochebene – Mit dir im Reinen sein!

„Das Wichtigste ist der Weg, den man zurückgelegt hat, die Reise, die man gemacht hat."

José Saramago

Heute ist der erste Frühlingstag. Nach einem eisig kalten Winter, Schnee, Frost und Stürmen, erwärmt die Sonne erstmals die Landschaft. Ich nutze den Tag, gehe hinaus und lege mich auf eine Parkbank, die Hände auf meiner Brust, von der Sonne beschienen. Ich schließe meine Augen und bin ganz bei mir. Ich höre die Laute der Vögel, die Kirchturmuhr, Kindergeschrei. Menschen reden miteinander. Spaziergänger wandeln an mir vorbei. Die Luft riecht süßlich und mein Körper fühlt sich warm an. Ich bin angekommen in diesem Tag und fühle mich in diesem Moment wunderbar geborgen.

Auf der Hochebene angekommen, ist der Pilger ganz bei sich. Er kann Ja sagen zu allem, was war, ist und noch kommen wird.

Sie sind nun auf der Hochebene angelangt. Als Pilger spüren Sie, wie sich alles bei Ihnen bis hinein ins Körperliche entspannt. Zeit, sich ein klein bisschen auszuruhen. Zeit, um zufrieden mit sich zu sein: „Ich habe es geschafft!“ Der Berg ist bewältigt, den Pilger umfängt ein tiefes Gefühl der Befriedigung: Auf der Hochebene ist es still und klar. Dem Himmel und dem Licht ist er ganz nah, ein bisschen entrückt von der Welt. Der weitere Weg ist jetzt überschaubar und das Ziel auf dem inneren Jakobsweges, die Kathedrale, ist nahe.

Der Weg wird leichter, der Blick erfreut sich an allem Schönen, was die Natur zu bieten hat. Wenn sich der Pilger bisher immer noch sehr mit selbst beschäftigt hat, so wird er hier oben auf der Hochebene wieder offen für die Welt um sich herum. Sein Blick richtet sich auf das Äußere. Er genießt sich in der Natur. Nach Zeiten voller Schwierigkeiten, der Anstrengungen und des Kampfes hat der Pilger auf der Hochebene im wahrsten Sinne des Wortes eine neue Ebene erreicht.

Jetzt geht es darum, auf dieser „hohen“ Ebene zu bleiben und sich an dem neuen Gefühl „einfach nur zu sein“ zu erfreuen. Es gibt nichts weiter zu tun, als einen Fuß vor den anderen zu setzen. Auf der Hochebene entdeckt er die Leichtigkeit des Seins und die uneingeschränkte Glückseligkeit. Der Pilger genießt jetzt sein Wandern. Er wird eins mit sich und der Natur. Er ist einverstanden mit allem, was war, ist und dem, was noch kommt. Er genießt das Leben von einem Moment zum anderen Moment. Es gibt nichts zu tun. Alles wird zum Geschenk.

Der Pilger kann jetzt loslassen, leicht sein. Er genießt seinen Weg auf der „hohen Ebene“. Es wartet keine neue Aufgabe.

Auch innerlich wird jetzt alles leichter. Seine Seele hat sich beruhigt und er hat einen tiefen Frieden gefunden. Es gibt keine wesentlichen Hindernisse mehr, die inneren Kämpfe sind vorbei. Und es gibt keine neuen Herausforderungen, denen er sich nicht gewachsen fühlt. Jetzt muss er nichts Wesentliches mehr leisten. Das meiste liegt hinter ihm. Und noch ein schöner Weg vor ihm. Ein herrliches Gefühl! Jetzt kann er ankommen: äußerlich und innerlich.

Als Pilger haben Sie nun sich und Ihren individuellen (Lebens-)Weg angenommen. Sie haben gelernt, dass Ihnen das Leben immer genau das schenkt, was Sie brauchen. Sie verstehen nun, dass das Leben nicht schlecht mit Ihnen umgeht, sondern gütig.

Hier auf der Hochebene geht es nur noch geradeaus. Sie können für den Augenblick alles loslassen, alle Vorstellungen, Ziele, Pläne.

Die neue Leichtigkeit auf der Hochebene entsteht aus der inneren Haltung des Annehmens. Die innere Haltung des Pilgers drückt sich jetzt so aus: „Ich fließe mit dem, was ist, und verzichte darauf zu wissen, wo alles hinführt. Ich lasse alle Vorstellungen los. Ich bin bereit, den Moment, so wie er ist, anzunehmen."

Er erkennt, dass er alles, was in seinem Leben geschieht, willkommen heißen kann. Stets geschieht alles zu seinem Besten. Er braucht keine Angst mehr zu haben. Nun ist er wahrhaft entspannt, denn er ist im Fluss und leistet dem Leben keinen Widerstand mehr.

Auf der Hochebene ist der Pilger erstmals mit sich im Reinen. Der Pilgerweg ist ja ein Bild für den individuellen Lebensweg jedes Menschen. Wir haben die Wahl: Wollen wir leben wie ein Fels, hart und unbeugsam, oder wie ein Fluss, weich und geschmeidig. Für den Fluss gibt es keine Hindernisse. Er hat die Fähigkeit, sich seinem Weg anzupassen. Das Weiche ist stärker als das Harte. Der Pilger hat gelernt, sein Leben zu akzeptieren, weich zu werden.

Einverstanden mit dem, was war

Um mit sich ins Reine zu kommen ist die Würdigung des (Lebens-)Weges, den wir schon zurückgelegt haben, eine Grundvoraussetzung. Alles, was uns in diesem Leben widerfahren ist, geschah zu unserem Besten. Auch wenn wir das nicht immer verstanden haben und in manchen Lebensphasen darüber verzweifelt sind. Den bisherigen Lebensweg aus ganzem Herzen zu akzeptieren, ist aber für manchen keine leichte Übung. Oft haben wir uns angewöhnt, aus einem bestimmten Blickwinkel auf unsere Vergangenheit zu schauen. Sie zu bewerten und zu beurteilen. Dieses war gut und jenes war schlecht. Wir werden uns bewusst, dass unsere Sichtweise falsch, beschränkt oder einengend sein kann, weil Dinge aus unterschiedlichen Perspektiven betrachtet werden können. Dass auch die „schlechten" nur den einen Sinn hatten, uns nämlich zum „Guten" zu führen, das ist eine Erkenntnis, die manchen schwer fällt. Um mit sich selbst ins Reine zu kommen, ist sie aber unabdingbar.

Übung 1
Flug in die eigene Vergangenheit

Schließen Sie Ihre Augen und atmen Sie ein paar Mal tief durch. Dann stellen Sie sich vor, wie Sie in einem Fesselballon in die Lüfte steigen und wie Sie unter sich Ihr Leben wie einen Fluss, eine Energielinie oder eine Straße erkennen. Mit dem Ballon schweben Sie Ihre Lebenslinie immer weiter zurück in Richtung Geburt. Alle fünf Jahre sehen Sie ein Schild mit Ihrem Alter, sodass Sie immer wissen, in welchem Lebensabschnitt Sie sich gerade befinden. Genießen Sie den Flug und stellen Sie sich die folgenden Fragen:

1. *Welches waren die schönen Momente in meinem Leben?*
2. *Wozu kann ich auch heute noch leichten Herzens und spontan Ja sagen?*
   Schreiben Sie sich fünf Momente auf.
3. *Was waren wirklich schwierige Momente in meinem Leben?*
4. *Was habe ich daraus gelernt?*
5. *Worin kann ich in ihnen heute einen tieferen Sinn erkennen?*
6. *Für welche Momente meines bisherigen Lebens kann ich heute besonders dankbar sein?*

Landen Sie nun wieder mit Ihrem Fesselballon sicher in der Gegenwart und öffnen Sie Ihre Augen. Kommen Sie wieder ganz ins Hier und Jetzt zurück. Wie fühlen Sie sich jetzt?

Übung 2
Mein Leben akzeptieren

Wie Sie Dinge oder Erlebnisse akzeptieren, die Sie gerne ungeschehen machen würden.

Fragen Sie sich offen und ehrlich:

1. *Mit welchen Momenten meines Lebens hadere ich auch heute noch?*
2. *Welche wichtigen Erkenntnisse habe ich aus diesen „schlechten" Erlebnissen gezogen?*
3. *Hasse ich die Menschen, mit denen ich „schlechte" Erfahrungen gemacht habe?*
4. *Ist es mir möglich, auch die Menschen zu lieben, die mir „schwere" Tage bereitet haben?*
5. *Wäre ich heute ein anderer Mensch, wenn die Dinge anders gelaufen wären?*
6. *Wenn ich die „schlechten" Erlebnisse nicht gehabt hätte, hätte ich diesen Menschen dann heute lieber als den, der ich heute bin?*

Es geht in dieser Übung darum, ein Bewusstsein dafür zu erreichen, dass auch die „schlechten" Erlebnisse und die „unguten" Menschen uns zu dem gemacht haben, der wir heute sind.

Übung 3
Versöhnung mit der eigenen Lebensgeschichte

Setzen Sie sich still vor eine Kerze oder auch in die Bank einer Kirche. Denken Sie über Ihre Lebensgeschichte nach.

1. *Wofür können Sie dankbar sein?*
2. *Welche schmerzlichen Erlebnisse kommen dabei in Ihnen hoch? Wie fühlen sich diese Gedanken an?*

Stellen Sie sich vor, dass die schmerzlichen Erlebnisse zu Perlen werden, die Sie schmücken, die leuchten und die auf andere Menschen eine ganz besonders schöne Wirkung haben. Machen Sie sich bewusst, dass es vor allem diese Perlen sind, die Sie liebenswert machen.

Wenn wir mit uns und unserer Lebensgeschichte ins Reine kommen wollen, so müssen wir damit aufhören, sie beurteilen oder bewerten zu wollen.

Am besten wir registrieren sie, ohne unsere Gedanken oder Gefühle einzuklinken.

Offen, für das, was jetzt ist

Nachdem Sie versucht haben, das alles zu akzeptieren, was gewesen ist, sind Sie frei für die Gegenwart, den Augenblick. Es geht nun um die hohe Kunst, den Moment, so wie er sich jetzt darstellt, von ganzem Herzen zu genießen. Doch auch diese Kunst will erlernt sein.

Übung 4
Das Hier und Jetzt genießen

Setzen Sie sich ganz entspannt auf einen bequemen Stuhl. Lassen Sie Ihren Atem ruhig fließen. Achten Sie auf Ihre Wahrnehmung. Stellen Sie sich die folgenden Fragen:

1. *Was sehe ich gerade?*
2. *Was höre ich gerade?*
3. *Was fühle ich gerade?*
4. *Was schmecke ich gerade?*

Nehmen Sie sich für jedes Sinnesorgan mindestens eine Minute Zeit. Atmen Sie dabei ganz ruhig. Lassen Sie sich mit jedem Ausatmen tiefer in die Gegenwart sinken. Tauchen Sie ganz in das, was jetzt ist, ein. Nehmen Sie dann eine offene Körperhaltung ein, machen Sie eine einladende Geste bzw. Bewegung mit den Händen und vertiefen Sie dadurch Ihr Erleben. Als Abschluss bedanken Sie sich für alles, was Sie wahrgenommen haben. Finden Sie immer wieder etwas Neues, für das Sie sich bedanken können.

Übung 5
Dankbarkeit

Dankbarkeit ist eine wichtige Voraussetzung um das Leben, so wie es sich jetzt, in diesem Moment darstellt, auch zu genießen. Fragen Sie sich deshalb:

1. *Für welche Eigenschaften an mir bin ich besonders dankbar?*
2. *Wie kann ich diese positiven Eigenschaften noch mehr in mein Leben bringen, zum Nutzen für mich und zur Freude anderer?*

Im Alltag fehlt uns oft die Fähigkeit, uns ganz für den Augenblick zu öffnen. Meist sind wir mit unseren Gedanken noch in der Vergangenheit oder schon in der Zukunft. Das hindert uns daran, dass wir uns mit uns im Reinen fühlen. Es gibt so etwas wie einen Reflex, sich mit allem zu beschäftigen, nur nicht mit dem Augenblick. Ein Programm zum Unglücklichsein.

Übung 6
Achtsamkeit

Betrachten Sie Ihren linken Daumennagel für die Dauer von zwei Minuten. Wenn Ihre Aufmerksamkeit abschweift, dann holen Sie sie ganz einfach wieder zurück und machen weiter.

Wesentlich ist, dass Sie sich nicht dazu zwingen, sich auf etwas zu konzentrieren. Gedanken und Gefühle, die Ihre Aufmerksamkeit ablenken, werden nicht unterdrückt oder ausgeblendet, sondern einfach wahrgenommen. Lassen Sie Ihre Aufmerksamkeit mühelos wieder zu Ihrem Daumennagel zurückwandern.

Wiederholen Sie dies mit Ihrem rechten Daumennagel, dem Sekundenzeiger Ihrer Uhr und mit weiteren Objekten in Ihrer nächsten Umgebung.

Und nun: Nehmen Sie sich einen Augenblick Zeit, in der Sie nichts anderes tun, außer einfach irgend etwas wahrzunehmen. Wie ist es, wenn Sie das Objekt einfach nur wahrnehmen, ohne es mit irgendetwas zu bezeichnen?

Voller Freude auf das, was kommt

Unsere Zukunft ist nichts Statisches. Sie entsteht aus unserer Erfahrung der Gegenwart und unserer Einstellung zur Vergangenheit. Wir sind frei darin, die Zukunft so zu leben, wie wir das wollen.

Übung 6
Die eigene Zukunft visualisieren

Steigen Sie in Gedanken nochmals in Ihren Fesselballon und fliegen Sie erneut über Ihre Lebenslinie. Nur diesmal nicht in die Vergangenheit, sondern in die andere Richtung. Diese befindet sich für die meisten Menschen auf der rechten Seite. Sie fliegen jetzt über Ihre Zukunft (visualisieren Sie sie wieder als Fluss, Weg oder Linie). Dort sehen Sie sich selber als jemand, der sein Leben liebt, der seine Ziele erreicht hat, der versöhnt ist mit sich und dem Leben. Beantworten Sie dazu die folgenden Fragen:

1. *Was zieht mich daran an?*
2. *Wo zieht es mich hin?*

Die Hochebene ist das Sinnbild für ein Leben im Einklang mit uns selbst, für ein Leben ganz im Moment. Wir bekommen eine erste Ahnung davon, was das heißen kann. Unsere innere Anspannung lässt nach. Wir sind jetzt auf dem Weg, mit uns selbst ins Reine zu kommen, können uns entspannen und zu allem, was ist, war und noch kommen wird einfach nur Ja sagen.

7. Die Kathedrale – Ankommen in der Liebe!

„Um anzukommen,
wo du schon immer bist,
musst du dich
auf den Weg machen.
Das Einzige,
was du sicher
wissen kannst,
ist, dass du nichts weißt.
Wer du zu sein glaubst,
bist du nicht,
und wer du bist,
den kennst nicht.
Erst wenn du
angekommen bist,
erkennst du,
dass du nie
fort warst
und dass du
Liebe bist."

Amir und Samira Ahler

Um anzukommen, müssen wir uns dorthin auf den Weg machen, wo wir schon immer sind. In der Kathedrale hat der Pilger sein Ziel erreicht und ist in den offenen Raum der Liebe eingetreten.

Im Wandern erfährt der Pilger, dass er seinen Weg immer weiter gehen muss, dass er nicht stehen bleiben kann, ohne mit sich selbst uneins zu werden und in eine Krise zu geraten. Doch nun ist er an seinem (vorläufigen) Ziel angelangt. Er steht auf dem Platz vor der Kathedrale. Seine Ankunft in der Kathedrale ist der Lohn dafür, dass er auf den bisherigen Stationen immer wieder von Neuem bereit waren, sich auf die Herausforderungen, die sich ihm jeweils gestellt haben, einzulassen und sich jeder Anfechtung aus der äußeren und inneren Welt zu stellen. Er ließ sich von Wind, Sonne, Regen berühren. Er war bereit, die Mühsal des Wanderns auf sich zu nehmen. Er scheute weder die Angst einflößende Steinwüste noch die Strapazen am Berg. Er freute sich über die geistige Klarheit auf der Hochebene und nun ist er angekommen.

Hier in der Kathedrale, in einem Raum der Stille, des Lichts und der großen Offenheit, ist er ganz bei sich und er fühlt es auch mit jeder Faser seines Körpers und seiner ganzen Seele. Sein Wesen ist wie neugeboren und auf einer neuen, fühlbar höheren Ebene angekommen. Hier am Ziel ist er aus alten egoistischen Träumen aufgewacht, lässt er alle Illusionen hinter sich, fühlt sich aufgehoben in einem höheren Sein und eins mit dem großen Fluss des Lebens. Er hat für diesen Moment seine alte Identität als sehnsuchtsvoller Suchender aufgegeben und zu sich gefunden.

Vollkommene Stille

Der ursprüngliche Zweck des Pilgerns lag in der Einswerdung mit Gott. Dabei macht der Pilger sich immer wieder aufs Neue auf diesen Weg der Selbstwerdung, um eins zu werden mit sich selbst, um bei sich anzukommen. Hier in der Kathedrale erlebt er die Erfüllung seiner Sehnsucht, die ihn ursprünglich auf den Weg getrieben hat. Der Pilger erkennt nun, dass alles perfekt ist, so wie es ist. Er tritt aus der Zeit heraus und, indem er das Tor der Kathedrale öffnet, in eine völlig neue Dimension ein, in einen Raum der vollkommenen Stille. Sein Leben vollzieht einen Quantensprung. Er tritt ein in die zeitlose Gegenwart des Seins und von dort verwandelt sich sein ganzes Leben. Es wird verwandelt, wie ein Gemälde, das von hellem Licht durchstrahlt ist.

Liebe ist der Boden
auf dem alles stattfindet,
sie ist das Licht, das durch alles hindurch
scheint, sie ist das Eine,
das sich in allem widerspiegelt,
selbst die Dunkelheit
verweist auf das Licht,
jeder Ton verweist auf die Stille
und ist Stille.
Jedes Etwas verweist auf
alles und ist alles,
jeder Tropfen verweist auf den
Ozean und ist Ozean.
Liebe ist unwandelbar

und unteilbar,
sie kommt nicht und sie geht nicht,
sie ist das, was immer ist,
vor der Zeit und in der Zeit,
sie ist das Formlose
in allen Formen,
an nichts gebunden
und doch mit allem eins."

Amir und Samira Ahler

In dem Moment, in dem er durch die Tür geht, über die Schwelle tritt, gibt er seinen – bislang unbewussten – Widerstand gegen die Liebe auf. Er weiß nun, dass sie es war, die ihn angezogen, gerufen und letztlich auf den Weg geschickt hat. Was er ab nun tut, das tut er immer aus Liebe.

Machen Sie sich dieses Bild noch einmal bewusst: Der Pilger steht auf dem großen Platz, die Kathedrale ragt hoch über ihm auf, und dann kommt der heilige Moment, in dem er durch die Tür geht und verwandelt wird, sich verwandeln lässt. Er spürt: Die Kathedrale ist das Haus der Liebe. In ihr ist eine unfassbare Stille. Er ist angekommen. Er ist zu dem geworden, was er schon immer war. Er ist nicht mehr allein. Andere Menschen sind hier, Menschen, mit denen er sich verbunden fühlt. Er ist auch bei ihnen angekommen. Die Kathedrale ist der Ort der Begegnung, der stillen Kommunikation mit etwas, das viel größer ist als er selbst. Sie ist ein Ort, an dem er keine Einsamkeit mehr empfindet wie noch auf der einen oder anderen Station zuvor. Die Kathedrale ist ein Ort des gemeinsamen Schweigens und Schwingens, an dem ihm bewusst wird: „Ich bin nicht allein, ich war nie allein und ich werde nie mehr allein sein."

Wir sind alle gemeinsam auf demselben Weg. Wenn wir auch bisher das Gefühl hatten, unseren Weg allein gegangen zu sein, so wird uns jetzt klar, dass auch all die anderen mit uns gegangen sind. Wir gelangen schließlich zur Erkenntnis der Einheit von allem. Von dieser Erkenntnis geht eine große Ruhe aus. Alle Dinge verschmelzen zu einem und aus unserem Ich wird ein Wir.

Übung 1
Mein Kraftort

Suchen Sie nach einem Ihnen gemäßen Ort der Kraft in Ihrer Umgebung. Das kann ein Platz, eine Waldlichtung, eine Kapelle oder ein Berggipfel sein. Es kann auch eine bestimmter Raum oder Winkel in Ihrer Wohnung sein.

Begeben Sie sich regelmäßig an diesen Ort und versenken Sie sich dabei immer in eine vollkommene Stille. Versuchen Sie dort in Gedanken stets mit anderen zu kommunizieren und nicht mit sich selbst. Lenken Sie an diesem Ort Ihre Gedanken über sich selbst hinaus.

Im offenen Raum der Liebe

Doch auch am Ziel seines Pilgerweges, in der Kathedrale, kann sich der Pilger nicht einrichten. Auch dieser Ort ist kein Ort der dauerhaften Bleibe. Wie jede andere Station, so ist auch das Ziel des Pilgerweges ein Übergang, keine feste Bleibe, in der er sich einrichten kann, sondern eine Station, die ihm eine neue Wahrheit offenbart. Er hat bis hierher gefunden und weiß nun, wie es sich anfühlt, bei sich anzukommen. Aber er kehrt auch wieder an den Ort zurück, von dem er aufgebrochen ist. Hier kann er nicht bleiben. Er trägt aber jetzt die Hoffnung in sich, dass er als ein anderer, verwandelter Mensch wieder bei sich zu Hause ankommt, als einer, der weise geworden ist, der in den Grund der Welt geschaut hat. Er hat in der Kathedrale den „offenen Raum der Liebe“ betreten und geschaut. Und diese Erfahrung kann er nun mitnehmen und sie in seinen Alltag tragen.

Übung 2
Die Liebe in sich spüren

Der Ort, an dem wir mit der Liebe in Berührung kommen, ist der Gleiche, an dem die Liebe in uns wohnt: unsere Brustmitte. Legen Sie also die Hände auf die Brustmitte, bis es dort warm wird, bis Sie die Liebe in sich wahrnehmen. Spüren Sie sich ganz in diese Liebe hinein. Sagen Sie sich: „Diese Liebe gehört mir. Sie strömt in mir. Niemand kann sie mir nehmen. Keine Enttäuschung kann mir diese Liebe zerstören."

Genießen Sie diese Liebe, die Ihnen strömt und seien Sie dankbar dafür.

Diese Liebe bringt Sie in Berührung mit Ihrem innersten Kern, der sich hell und warm anfühlt, in dem Sie es bei sich selbst aushalten können und in dem Sie bei sich zu Hause sein dürfen.

Liebe als Weg und Ziel

Wenn Sie nun als Pilger Ihr Ziel erreicht haben, ist es gut, noch einmal zurückzuschauen, sich und den Weg nochmals zu würdigen und zu feiern. Nehmen Sie sich deshalb an einem Abend etwas Zeit nur für sich allein und versuchen Sie – am besten schriftlich – die folgenden Fragen zu beantworten:

Übung 3
Sich selbst würdigen

1. *Welche Lehren habe ich aus meinem bisher zurückgelegten Lebensweg für mich gezogen? Was habe ich bisher erkannt in meinem Leben?*
2. *Wenn ich mich für eine Priorität entscheiden müsste: Welches sind die drei wichtigsten Einsichten, die ich gewonnen habe?*
3. *Welche davon möchte ich unbedingt (beispielsweise an Freunde oder meine Kinder) weitergeben?*

Übung 4
Die anderen und ihren Weg würdigen

1. *Wer ist mit mir gemeinsam auf dem Weg?*
2. *Wer sind die Menschen, die mir wirklich etwas bedeuten?*
3. *Von wem fühle ich mich geliebt?*
4. *Kann ich die Liebe anderer auch empfinden und zulassen?*
5. *Für wen empfinde ich Liebe?*

Wählen Sie nun eine dieser Personen aus, rufen Sie sie an und sagen Sie ihr, was sie Ihnen bedeutet, wie wichtig sie für Sie ist (eventuell auch als Brief schreiben und verschicken). Wählen Sie eine andere Person aus und machen Sie ihr ganz überraschend ein Geschenk, mit dem Sie ausdrücken, was Sie für sie empfinden.

Übung 5
Die Ankunft feiern

Nehmen Sie sich einen ganzen Abend lang Zeit nur für sich. Ziehen Sie Ihre Lieblingskleider an. Machen Sie sich hübsch zurecht. Kochen Sie etwas Schönes für sich. Nehmen Sie Ihr Essen in einem festlichen Rahmen zu sich. Bereiten Sie alles schön vor: Tischdecke, Teller, Serviette, Kerze. Zelebrieren Sie Ihr Mahl wie in einem guten Restaurant. Legen Sie Ihre Lieblingsmusik ein. Vielleicht tanzen Sie auch dazu und singen mit. Öffnen Sie sich für die ganze Freude am Leben. Feiern Sie Ihr eigenes Sein, die Freude darüber, dass Sie bei sich angekommen sind, dass Sie lieben und geliebt werden.

Auf dem inneren Jakobsweg haben Sie erfahren, dass Sie nicht allein sind auf Ihrem Lebensweg, dass Alleinsein eine Illusion ist. Wir sind nicht getrennt von anderen. Wir sind vielmehr mit jedem und allem verbunden.

Diese Erkenntnis hat der Pilger auf seinem langen Weg entdeckt und nimmt sie nun mit sich nach Hause. Damit öffnet sich ihm ein neuer Horizont, eine neue Sichtweise auf die Dinge des Lebens, auf seinen Alltag. Trennung und Isoliertheit sind nur Illusionen, die dem menschlichen Verstand entspringen. In Wahrheit sind wir mit allem verbunden und in allem aufgehoben.

Doch diese Wahrheit können wir uns nicht erhalten, wenn sich unser ganzes Tun und Streben wieder danach ausrichtet, uns abzuschotten, unseren Egoismus zu pflegen und nur unseren Vorteil in allem zu suchen. Die Trennung von anderen ist ein Irrweg.

Der Pilger hat sich ursprünglich auf den Weg gemacht, weil er als dumpfes Gefühl diesen Irrweg tief für sich empfunden hat. Weil er innerlich zerrissen war und sich selbst nicht mehr kannte.

Auf seinem Weg hat er versucht, eine tiefere Wahrheit in sich aufzuspüren, sein wahres Selbst zu ergründen und zu finden. Und hier in der Kathedrale hat er beides gefunden:

Die Liebe zu sich selbst und zu allem, was ihn umgibt.

Literatur

Ahler, Amir und Samira, Das Tao der Liebe, Eigenverlag

Arnold Patrick M., Männliche Spiritualität. Der Weg zur Stärke, Kösel

Grün, Anselm, Die Weisheit des Pilgerns, Gütersloher Verlagshaus

Grün, Anselm, 50 Rituale für das Leben, Herder

Herrmann, Burhanuddin, Das Kamel auf dem Dach, O. W. Barth

Hille, Winfried, Die Kunst des Neuanfangs, Nymphenburger

Pickl, Karin Myria, Weisheit aus dem Bauch, Südwest Verlag

Salvesen, Christian, Liebe. Das Herz aller Weltreligionen, O. W. Barth

Schmidbauer, Wolfgang, Lebensgefühl Angst, Herder

Traufetter, Gerald, Intuition. Die Weisheit der Gefühle, Rowohlt

Walser, Martin, Angstblüte, Rowohlt

Wetzel, Sylvia, Leichter leben, Herder

Danksagung

Ich danke Amir Ahler für die Idee zu diesem Buch und die zahlreichen inspirierenden Gespräche dazu. Ohne ihn hätte ich mich der Mut auf dem inneren Jakobsweg wohl verlassen.

Die meisten Übungen aus diesem Buch sind ihm zu verdanken.

Über den Autor

Winfried Hille, geboren 1956, studierte nach einer Banklehre Germanistik und Erziehungswissenschaft in Freiburg.

Er arbeitete für verschiedene Verlage zuletzt für den Hermann Bauer Verlag als Werbe– und Vertriebsleiter.

1998 machte er sich mit seiner Zeitschrift „bewusster leben“ selbstständig: www.bewusster-leben.de

Er veröffentlichte zahlreiche Kolumnen, Aufsätze und Artikel. Zuletzt erschien von ihm das Buch „Die Kunst des Neuanfangs“.

Winfried Hille hat drei erwachsene Töchter und lebt und arbeitet in Freiburg.